教育部中外语言交流合作中心2021年度《国际中文教育中文水平等
教学资源建设项目资助YHJC21ZD-051

心绘汉字
——通过象形学汉字

Learning Chinese Characters
Through Pictograms by Heart

主 编 王 超
副主编 房 媛 郭利芳
编 者 刘 晔 张 凯 王集锦

北京语言大学出版社
BEIJING LANGUAGE AND CULTURE
UNIVERSITY PRESS

© 2024 北京语言大学出版社，社图号 24093

图书在版编目（CIP）数据

　心绘汉字 : 通过象形学汉字 / 王超主编 ; 房媛,
郭利芳副主编. -- 北京 : 北京语言大学出版社, 2024.
8. -- ISBN 978-7-5619-6581-8

　Ⅰ. H195.4

　中国国家版本馆 CIP 数据核字第 2024WN0312 号

心绘汉字——通过象形学汉字

XIN HUI HANZI——TONGGUO XIANGXING XUE HANZI

排版制作：	北京光大印艺文化发展有限公司
责任印制：	周　燚
责任编辑：	张　建
英文编辑：	侯晓娟、翟世权
封面设计：	张晶晶、王　超
插　　图：	谭月、张林
美术设计：	许天宇、贾慕容

出版发行：	北京语言大学出版社
社　　址：	北京市海淀区学院路 15 号，100083
网　　址：	www.blcup.com
电子信箱：	service@blcup.com
电　　话：	编 辑 部　8610-82303647/3592/3395
	国内发行　8610-82303650/3591/3648
	海外发行　8610-82303365/3080/3668
	北语书店　8610-82303653
	网购咨询　8610-82303908
印　　刷：	北京富资园科技发展有限公司

版　　次：	2024 年 8 月第 1 版	印　　次：	2024 年 8 月第 1 次印刷
开　　本：	787 毫米 × 1092 毫米　1/16	印　　张：	11
字　　数：	147 千字		
定　　价：	89.00 元		

通过象形学汉字，简单，有意思！
Learning Chinese characters through pictograms is so easy and fun!

前　言

　　本书根据笔者教学实践编写，是笔者十多年对外汉语教学的经验凝聚。2010 年，笔者走上来华留学生教学讲台，主要教授零基础汉语水平的来华留学生。十多年间，笔者教授过韩国、日本等汉字文化圈国家的来华留学生，也教授过俄罗斯、瑞典、摩洛哥等非汉字文化圈国家的来华留学生。在对近千名零基础汉语水平的来华留学生汉语学习进行观察和调研后，笔者认为汉字是来华留学生们学习汉语最大的障碍。尤其对于非汉字文化圈的外国人来说，初学汉语时期，汉字就是画出来的。由于文化背景、思维方式等方面的差异，他们并不理解汉字的构造及文化背景，这造成他们记忆、书写汉字困难。鉴于此，笔者通过网络平台，调研了市面上已有的针对来华留学生的汉字图书，发现这些图书几乎都是汉字类教材。这类教材字数多，内容广，并不适合零基础汉语水平的留学生。因此，笔者组建了团队，由专人负责查阅资料、翻译、手绘、编辑等工作，大家精诚合作，完成了本书的编撰。

　　本书精心选取既具有象形特点，又被《国际中文教育中文水平等级标准》（GF 0025-2021）（下文简称《标准》）收录的 135 个汉字。汉字的选取着重考虑基础性、常用性、普遍性。所选汉字中，一级至三级的汉字占 70% 以上。每个汉字都包含手绘象形图案、演变过程、例词、例句、扩展、书写顺序，相关内容还配备了汉语拼音及英文翻译，方便学习者对照识记。即使是零基础汉语水平的外国人，也能通过图案了解汉字文化，识记汉字结构。作为一本针对外国人的普及性汉字识记读物，本书争做人手一本的汉语版"星火"词汇手册，

Preface

    This book is written based on my teaching practice and is the accumulation of my over ten years of experience in teaching Chinese as a foreign language. Since 2010, I have been teaching Chinese as a foreign language to international students without previous Chinese learning experience. Over the past 10 years, I have taught international students from countries within the Chinese character cultural circle, such as South Korea and Japan, as well as countries outside the circle, such as Russia, Sweden, and Morocco. After observing and investigating nearly 1,000 international students studying in China, we found that Chinese characters are the biggest obstacle for total beginners learning Chinese. Especially for students from countries outside the Chinese character cultural circle, Chinese characters were drawn when they first learned Chinese. Due to differences in cultural background, way of thinking, and other aspects, they do not understand the structure and cultural background of Chinese characters, which makes it difficult for them to memorize and write Chinese characters. In view of this, we conducted studies on the Chinese character books for international students available in the Chinese market through online platform. We found that almost all of these books are Chinese character textbooks with a large number of words and extensive content, however, they are not suitable for international students without prior knowledge of Chinese language. Therefore, we established a team comprising members responsible for searching data, translating, hand-drawing, editing and other work, who join hands to complete the compilation of this book.

    This book carefully selects 135 pictographic Chinese characters belonging to *Chinese Proficiency Grading Standards for International Chinese Language Education* (GF 0025-2021) (hereinafter referred to as the *Standards*). This book selects basic, common and popular Chinese characters, over 70% of which are of HSK levels 1-3. Each character includes the hand-drawn pictographic illustration, the evolution process, example words, example sentences, extended learning, stroke order, and is equipped with Chinese Pinyin and English translations for learners' easy reference and memorization. Even foreigners without prior knowledge of Chinese language can understand Chinese character culture and memorize Chinese character structures through illustrations. As a popular Chinese character literacy book for foreigners, this book strives to be the Chinese version of *Spark* vocabulary handbook

为所有喜爱汉语的外国人，尤其是零基础汉语水平的外国人提供了解中国汉字文化的途径。

一、《心绘汉字——通过象形学汉字》是一本汉字文化普及读物，旨在通过汉字的象形特点让零基础汉语水平的外国人更直观、更形象地了解汉字文化，识记汉字。

二、每个汉字的选取都经过编者团队的反复推敲，编者团队不但考虑其学术性，更注重其实用性。每个汉字都是生活中常见的事物或日常用语中经常出现的。

三、每个汉字均配备象形手绘图案，每个图案都经过深思熟虑、反复构思，使汉字结构具象化，力求建立字形与实物之间的联系，便于联想记忆。

四、每个例词的选取、排序都考虑了《标准》及其字义，尽量按照先本义、后引申义，先低级词汇、后高级词汇的顺序出现。

五、每个例句的编写都注重考虑初学者的汉语水平，尽量使用初级语法造句，对于部分属于《标准》高级词汇的例词，则适当使用高级语法编写复杂句。

六、每个汉字的相关内容均配有汉语拼音及英文翻译，方便外国学习者对照学习，了解汉字用法。

王超

2024 年 3 月 28 日

for all foreigners who like Chinese language, especially those total beginners, to provide a way to understand Chinese character culture.

I. *Learning Chinese Characters Through Pictograms by Heart* is a popular Chinese character culture reading material. It aims to use the pictographic characteristics of Chinese characters to help foreigners without prior knowledge of Chinese language to gain a more intuitive and vivid understanding of Chinese character culture and learn Chinese characters by heart.

II. Each Chinese character is selected after the compilation team's repeated scrutiny. The compilation team not only considers the character's academic value, but also focuses on its practicality. Each Chinese character is a common occurrence in life or frequently used in daily expressions.

III. Each Chinese character comes with a pictographic hand-drawn illustration, and each illustration is well-thought-out and conceived. It visulizes the structure of this Chinese character, striving to build a connection between the character form and the object for easy association and memorization.

IV. Each example word is selected and sequenced after taking the *Standards* and the meaning of each character into consideration. We attempt to make its original meaning comes before the extended meaning, and the low-level words come before the high-level ones.

V. Each example sentence is written based on the beginner-level learners' Chinese proficiency, in which basic grammar is used as much as possible. For some example words belonging to the advanced vocabulary in the *Standards*, advanced grammar is appropriately used to compose complex sentences.

VI. The relevant content of each Chinese character is accompanied by Chinese Pinyin and English translation, making it convenient for foreign learners to learn by comparison and understand the usage of Chinese characters.

Wang Chao
March 28th, 2024

目　录

Contents

使用说明

tiān —→ 汉字读音

天 —→ 汉字

sky —→ 英文注释，方便学习者对照学习

（一级汉字 220）

—→ 字源原创插画，有助于学习者理解和记忆

—→ 《国际中文教育中文水平等级标准》汉字级别

字体演变 *The evolution of this Chinese character*

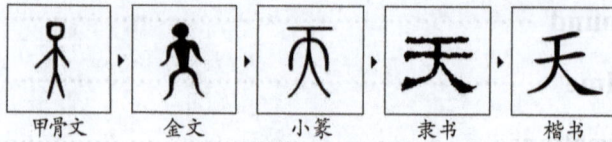

甲骨文　金文　小篆　隶书　楷书

—→ 字体演变过程，有助于学习者了解汉字起源及演变过程

词汇 *Vocabulary*

—→ 示例词，尽可能选取《国际中文教育中文水平等级标准》中的词，按先本义后引申义顺序排列

tiānqì
1. 天气 （一级词汇 360）
weather

Jīntiān tiānqì hěn hǎo.
今天 天气 很 好。
It is a nice day today.

—→ 例句，按词汇等级进行例句扩展，低级词汇使用简单句进行举例，高级词汇适当采用复杂句举例

tiānkōng
2. 天空 （三级词汇 706）
sky

Tiānkōng zhōng piāozhe yúnduǒ.
天空 中 飘着 云朵。
There are clouds in the sky.

—→ 《国际中文教育中文水平等级标准》词汇级别

扩展学习 *Extended learning*

jīntiān
1. 今天 （一级词汇 181）
today

tiāncái
2. 天才 （五级词汇 760）
genius; talent

—→ 扩展学习，所选词汇按词汇等级排序，有助于学有余力者进行深度学习

笔顺 *Stroke order*

—→ 书写顺序，有助于学习者养成正确的书写习惯

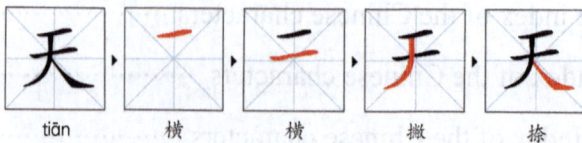

tiān　横　横　撇　捺

练习 *Exercise*

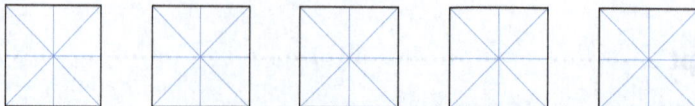

I

tiān
→ The pronunciation of this Chinese character

天
→ Chinese character

→ The creative etymological painting helps learners to understand and memorize

sky
→ English annotation is convenient for learners to learn by comparison

（一级汉字 220）
→ The level of this Chinese character based on *Chinese Proficiency Grading Standards for International Chinese Language Education*

字体演变 *The evolution of this Chinese character*

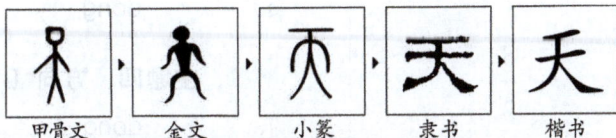

→ The evolution process of style of calligraphy helps learners understand the origin and evolution process of Chinese characters

甲骨文　金文　小篆　隶书　楷书

词汇 *Vocabulary*

→ Example words are selected from *Chinese Proficiency Grading Standards for International Chinese Language Education*. The original meaning comes before the derived meaning

tiānqì
1. 天气（一级词汇 360）
weather

Jīntiān tiānqì hěn hǎo.
今天 天气 很 好。
It is a nice day today.

→ Example sentences are extended based on the level of vocabulary. Choose Simple sentences as examples for low-level vocabulary, and use complex sentences as examples for high-level vocabulary where appropriate

tiānkōng
2. 天空 （三级词汇 706）
sky

Tiānkōng zhōng piāozhe yúnduǒ.
天空 中 飘着 云朵。
There are clouds in the sky.

→ Vocabulary level based on *Chinese Proficiency Grading Standards for International Chinese Language Education*

扩展学习 *Extended learning*

jīntiān
1. 今天 （一级词汇 181）
today

→ Extended learning. The vocabulary selected is sequenced based on the vocabulary level, which helps competent learners engage in further studies

tiāncái
2. 天才 （五级词汇 760）
genius; talent

笔顺 *Stroke order*

→ Writing order helps learners to develop right writing habits

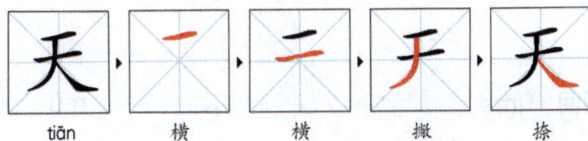

天　一　二　天　天
tiān　横　横　撇　捺

练习 *Exercise*

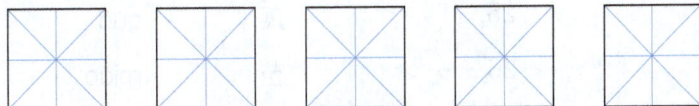

主题分类表

Topic index of the Chinese characters

主题一：天 Sky

tiān

天

sky

（一级汉字 220）

字体演变 *The evolution of this Chinese character*

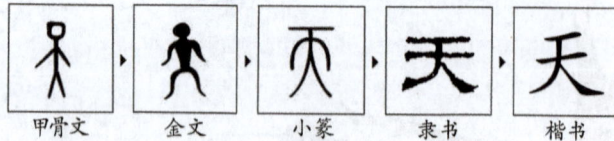

甲骨文　金文　小篆　隶书　楷书

词汇 *Vocabulary*

tiānqì
1. 天气（一级词汇 360）
weather

Jīntiān tiānqì hěn hǎo.
今天 天气 很 好。
It is a nice day today.

tiānkōng
2. 天空（三级词汇 706）
sky

Tiānkōng zhōng piāozhe yúnduǒ.
天空 中 飘着 云朵。
There are clouds in the sky.

扩展学习 *Extended learning*

jīntiān
1. 今天（一级词汇 181）
today

tiāncái
2. 天才（五级词汇 760）
genius; talent

笔顺 *Stroke order*

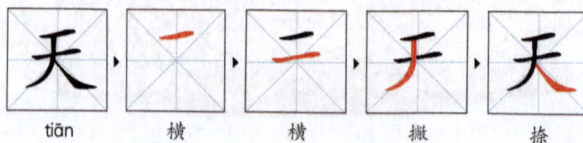

tiān　横　横　撇　捺

练习 *Exercise*

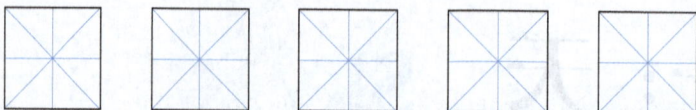

rì

日

sun

（一级汉字 186）

字体演变 *The evolution of this Chinese character*

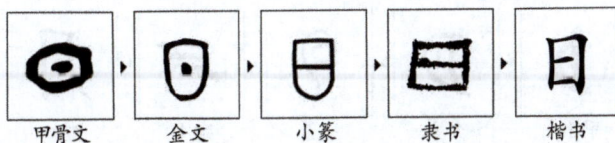

甲骨文　　金文　　小篆　　隶书　　楷书

词汇 *Vocabulary*

shēngrì
1. 生日（一级词汇 331）
birthday

Zhù nǐ shēngrì kuàilè!
祝 你 生日 快乐！
Happy birthday to you!

rìzi
2. 日子（二级词汇 467）
day

Zhè shì yí gè hǎo rìzi.
这 是 一 个 好 日子。
This is a good day.

扩展学习 *Extended learning*

rìqī
1. 日期（一级词汇 309）
date

yǔrì-jùzēng
2. 与日俱增（七—九级词汇 5103）
grow with each passing day

笔顺 *Stroke order*

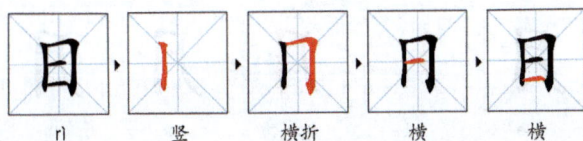

rì　　竖　　横折　　横　　横

练习 *Exercise*

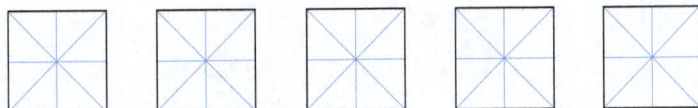

3

yuè

月

moon

（一级汉字 275）

字体演变 *The evolution of this Chinese character*

| 甲骨文 | 金文 | 小篆 | 隶书 | 楷书 |

词汇 *Vocabulary*

yuèliang
1. 月亮 （二级词汇 698）
moon

Tiānshang yuèliang duō měi a!
天上 月亮 多 美 啊!
How beautiful the moon is in the sky!

yuèbing
2. 月饼 （五级词汇 945）
mooncake

Zhōngqiū Jié de shíhou Zhōngguórén yào chī yuèbing.
中秋节的时候 中国人 要 吃 月饼。
Chinese people eat mooncakes on Mid-Autumn Festival.

扩展学习 *Extended learning*

suìyuè
1. 岁月 （五级词汇 733）
time; years

rìxīn-yuèyì
2. 日新月异（七—九级词汇 3468）
change rapidly

笔顺 *Stroke order*

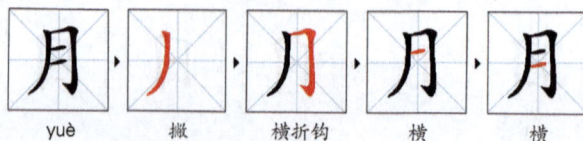

| 月 | 丿 | 刀 | 月 | 月 |
| yuè | 撇 | 横折钩 | 横 | 横 |

练习 *Exercise*

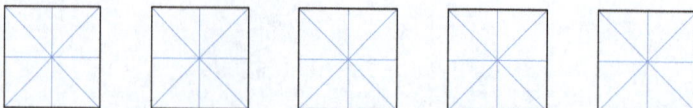

4

xīng

星

star

（一级汉字 252）

字体演变 *The evolution of this Chinese character*

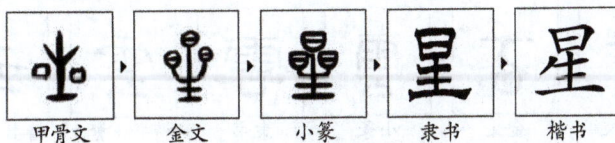

| 甲骨文 | 金文 | 小篆 | 隶书 | 楷书 |

词汇 *Vocabulary*

xīngxing
1. 星星（二级词汇 622）
star

Tiānshang yǒu hěn duō xīngxing.
天 上 有 很 多 星星。
There are many stars in the sky.

xīngqī
2. 星期（一级词汇 413）
week

Wǒ měi gè xīngqī dōu qù chāoshì.
我 每 个 星期 都 去 超市。
I go to the supermarket every week.

扩展学习 *Extended learning*

míngxīng
1. 明星 （二级词汇 383）
star

wèixīng
2. 卫星 （五级词汇 791）
satellite

笔顺 *Stroke order*

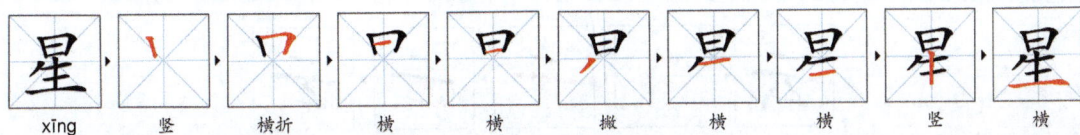

| 星 | 丨 | 冂 | 日 | 旦 | 旦 | 旦 | 旦 | 星 | 星 |
| xīng | 竖 | 横折 | 横 | 横 | 撇 | 横 | 横 | 竖 | 横 |

练习 *Exercise*

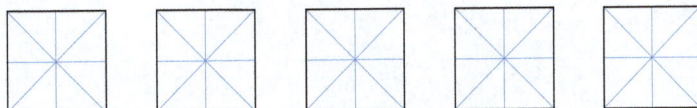

yún

云

cloud

（二级汉字 280）

字体演变 *The evolution of this Chinese character*

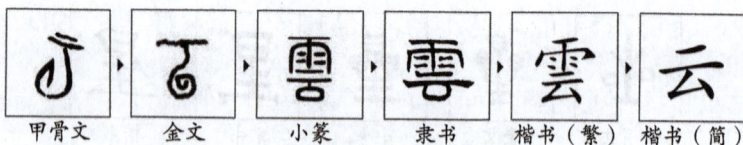

甲骨文	金文	小篆	隶书	楷书（繁）	楷书（简）

词汇 *Vocabulary*

yúnduǒ
1. 云朵
   cloud

   Yúnduǒ xiàng miánhuā yíyàng.
   云朵 像 棉花 一样。
   Clouds are like cotton.

duōyún
2. 多云 （二级词汇 152）
   cloudy

   Jīnwǎn yīnwèi duōyún，wǒmen kànbujiàn tiānkōng
   今晚 因为 多云，我们 看不见 天空
   shang de xīngxing.
   上 的 星星。
   Since it's cloudy tonight, we can't see the stars in the sky.

扩展学习 *Extended learning*

wūyún
1. 乌云 （六级词汇 863）
   dark cloud

fēngyún
2. 风云 （七一九级词汇 1165）
   wind and cloud; a stormy or unstable situation

笔顺 *Stroke order*

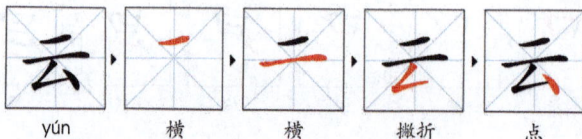

云	一	二	云	云
yún	横	横	撇折	点

练习 *Exercise*

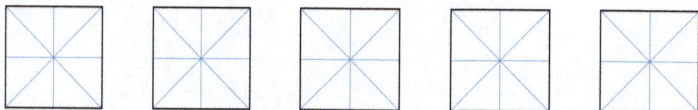

qì

气

air

（一级汉字 176）

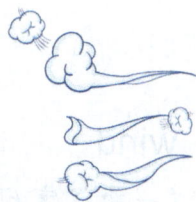

字体演变 *The evolution of this Chinese character*

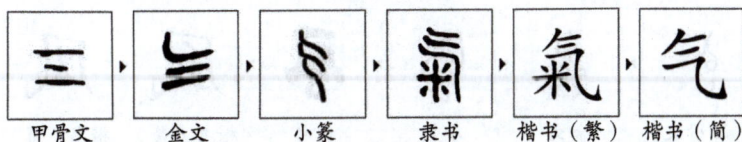

三	气	气	氣	氣	气
甲骨文	金文	小篆	隶书	楷书（繁）	楷书（简）

词汇 *Vocabulary*

kōngqì
1. 空气（二级词汇 327）
air

Kōngqì hěn xīnxiān.
空气 很 新鲜。
The air is fresh.

shēngqì
2. 生气（一级词汇 330）
get angry

Shēngqì yǒu hài shēntǐ jiànkāng.
生气 有害身体 健康。
Anger is harmful to health.

扩展学习 *Extended learning*

píqi
1. 脾气（五级词汇 551）
temper; temperament

yùnqi
2. 运气（四级词汇 920）
luck

笔顺 *Stroke order*

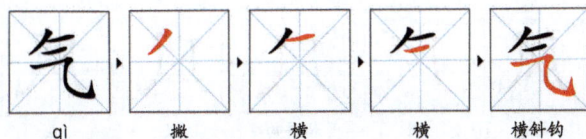

气	丿	𠂉	𠂤	气
qì	撇	横	横	横斜钩

练习 *Exercise*

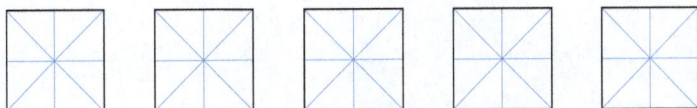

7

fēng

风

wind

（一级汉字 65）

字体演变 *The evolution of this Chinese character*

甲骨文	金文	小篆	隶书	楷书（繁）	楷书（简）

词汇 *Vocabulary*

guā fēng
1. 刮 风 （七—九级词汇 1436）
blow a gust of wind

Bùguǎn guā fēng xià yǔ， tā cóng bù chídào.
不管 刮 风 下雨，他 从 不 迟到。
Whether it's windy or rainy, he's never late.

fēnggé
2. 风格 （四级词汇 245）
style

Wǒ duì gǔdiǎn jiànzhù fēnggé hěn gǎn xìngqù.
我 对 古典 建筑 风格 很 感 兴趣。
I'm very interested in classical architecture.

扩展学习 *Extended learning*

fēngjǐng
1. 风景 （四级词汇 246）
scenery; landscape

fēngsú
2. 风俗 （四级词汇 247）
custom

笔顺 *Stroke order*

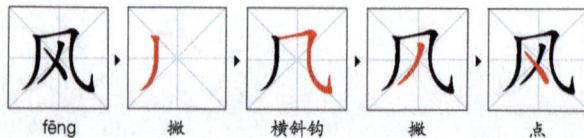

风	丿	几	凡	风
fēng	撇	横斜钩	撇	点

练习 *Exercise*

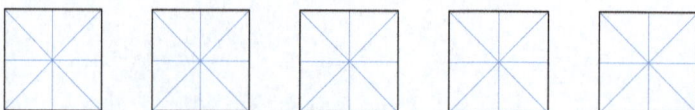

yǔ

雨

rain

（一级汉字 270）

字体演变 *The evolution of this Chinese character*

甲骨文	金文	小篆	隶书	楷书

词汇 *Vocabulary*

xià yǔ
1. 下雨（一级词汇 396）
   rain

Xià yǔ le!
下雨了！
It is raining!

bàoyǔ
2. 暴雨（六级词汇 21）
   torrential rain

Zuótiān xiàle yì cháng bàoyǔ.
昨天下了一场暴雨。
There was a heavy rain yesterday.

扩展学习 *Extended learning*

yǔyī
1. 雨衣（六级词汇 1001）
   raincoat

fēngyǔ
2. 风雨（七—九级词汇 1164）
   wind and rain

笔顺 *Stroke order*

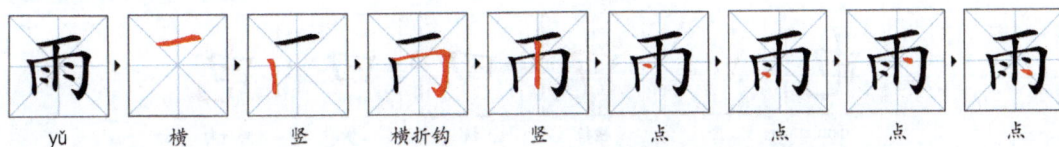

雨	一	丆	冂	丙	雨	雨	雨	雨
yǔ	横	竖	横折钩	竖	点	点	点	点

练习 *Exercise*

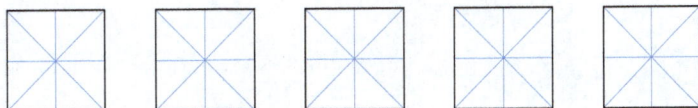

9

diàn

电

electricity

（一级汉字 47）

字体演变 *The evolution of this Chinese character*

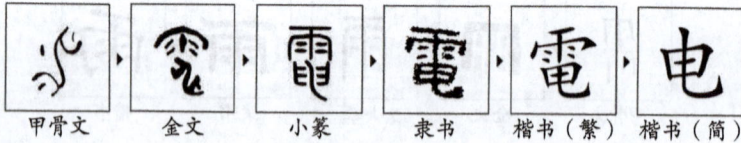

甲骨文	金文	小篆	隶书	楷书（繁）	楷书（简）

词汇 *Vocabulary*

diànchí
1. 电池（五级词汇 202）
battery

Wǒ de shǒujī diànchí méi diàn le.
我的手机电池没电了。
My phone battery is dead.

diànshì
2. 电视（一级词汇 80）
television (TV)

Tāmen xǐhuan kàn diànshì.
他们喜欢看电视。
They like watching TV.

扩展学习 *Extended learning*

shǎndiàn
1. 闪电 （四级词汇 615）
lightning

diànyuán
2. 电源 （四级词汇 191）
power supply

笔顺 *Stroke order*

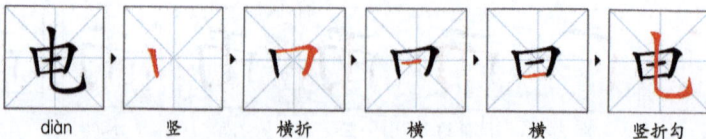

电	丨	冂	冃	日	电
diàn	竖	横折	横	横	竖折勾

练习 *Exercise*

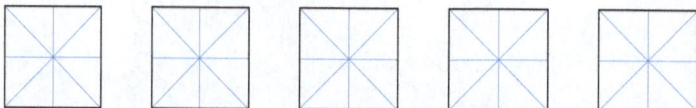

guāng
光 light
（三级汉字 72）

字体演变 *The evolution of this Chinese character*

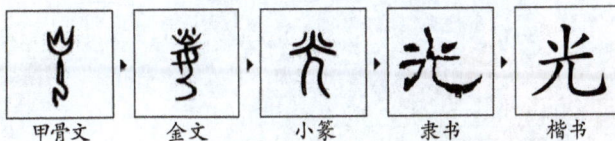

甲骨文　　金文　　小篆　　隶书　　楷书

词汇 *Vocabulary*

yángguāng
1. 阳光 （三级词汇 832）
sunshine

Chūntiān lái le, wēnnuǎn de yángguāng zhàozhe dàdì.
春天 来了， 温暖 的 阳光 照着 大地。
Spring has arrived, and the warm sunshine shines on the earth.

guāngmíng
2. 光明 （三级词汇 269）
light

Tàiyáng gěi wǒmen dàilái guāngmíng.
太阳 给 我们 带来 光明。
The sun brings us light.

扩展学习 *Extended learning*

guāngróng
1. 光荣 （五级词汇 299）
honour; glory

guānghuī
2. 光辉 （六级词汇 347）
brilliance

笔顺 *Stroke order*

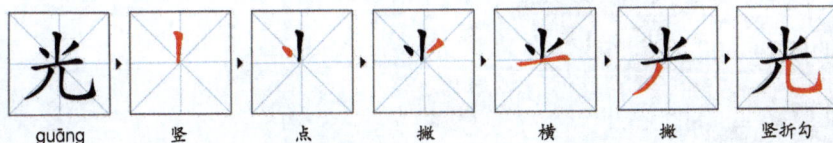

guāng　　竖　　点　　撇　　横　　撇　　竖折勾

练习 *Exercise*

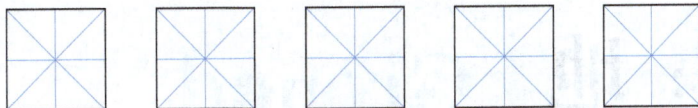

主题二：地 **Ground**

tǔ

土

soil

（三级汉字 217）

字体演变 *The evolution of this Chinese character*

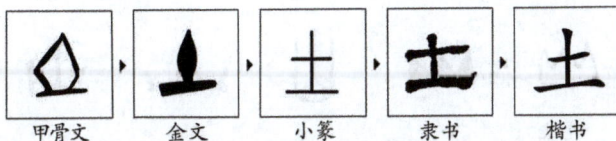

| 甲骨文 | 金文 | 小篆 | 隶书 | 楷书 |

词汇 *Vocabulary*

tǔdì
1. 土地（四级词汇 734）
   land

Wǒ ài zhè piàn tǔdì.
我爱这片土地。
I love this land.

tǔdòu
2. 土豆（五级词汇 771）
   potato

Tǔdòu shì zhǔshí.
土豆是主食。
Potatoes are a staple food.

扩展学习 *Extended learning*

lǐngtǔ
1. 领土（七—九级词汇 2670）
   territory

tǔshēng-tǔcháng
2. 土生 土长（七—九级词汇 4183）
   native

笔顺 *Stroke order*

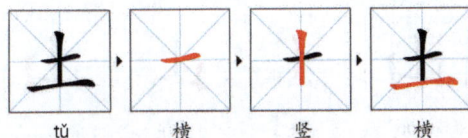

| 土 | 一 | 十 | 土 |
| tǔ | 横 | 竖 | 横 |

练习 *Exercise*

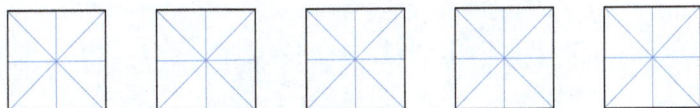

shān

山

mountain

（一级汉字 189）

字体演变 *The evolution of this Chinese character*

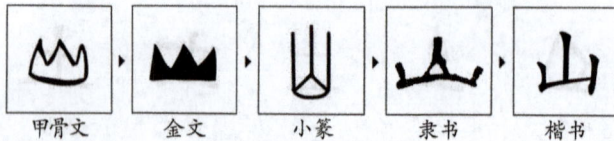

甲骨文	金文	小篆	隶书	楷书

词汇 *Vocabulary*

pá shān
1. 爬山 （二级词汇 405）
climb a mountain

Zhège xīngqīrì wǒmen yìqǐ qù pá shān.
这个 星期日 我们 一起 去 爬山。
We are going to climb a mountain this Sunday.

Tài Shān
2. 泰山
Mount Tai

Zhōngguó de Tài Shān hěn yǒumíng.
中国 的泰山 很 有名。
Mount Tai in China is very famous.

扩展学习 *Extended learning*

bīngshān
1. 冰山 （七一九级词汇 227）
iceberg

shāndǐng
2. 山顶 （七一九级词汇 3540）
top of a mountain

笔顺 *Stroke order*

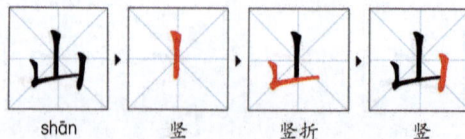

山	丨	凵	山
shān	竖	竖折	竖

练习 *Exercise*

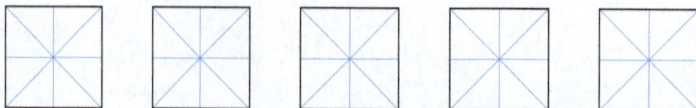

shí

石

stone

（三级汉字 195）

字体演变 *The evolution of this Chinese character*

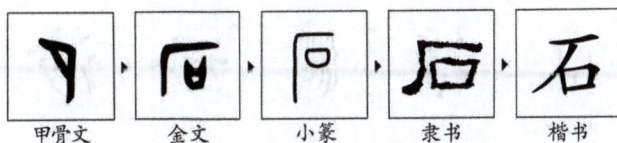

甲骨文	金文	小篆	隶书	楷书

词汇 *Vocabulary*

shítou
1. 石头（三级词汇 639）
stone

Wǒ jiā ménkǒu yǒu yí kuài dà shítou.
我 家 门口 有 一块 大 石头。
There is a big stone in front of my house.

zuànshí
2. 钻石（七—九级词汇 5616）
diamond

Zhè kē zuànshí hěn piàoliang.
这 颗 钻石 很 漂亮。
This diamond is beautiful.

扩展学习 *Extended learning*

shíyóu
1. 石油（三级词汇 640）
petroleum

yánshí
2. 岩石（七—九级词汇 4776）
rock

笔顺 *Stroke order*

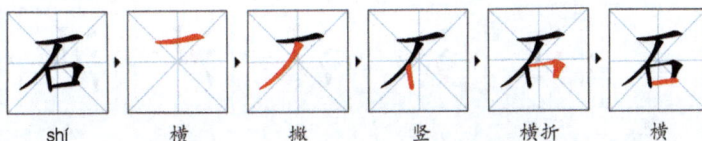

石	一	丆	丆	石	石
shí	横	撇	竖	横折	横

练习 *Exercise*

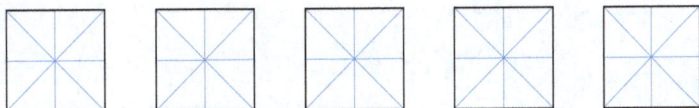

15

shā

沙

sand

（三级汉字 184）

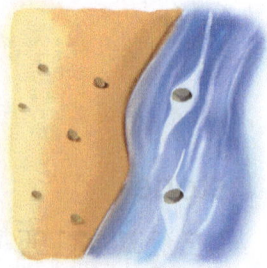

字体演变 *The evolution of this Chinese character*

甲骨文	金文	小篆	隶书	楷书

词汇 *Vocabulary*

shāmò
1. 沙漠（五级词汇 641）
desert

Sāhālā Shāmò shì shìjiè dì-yī dà shāmò.
撒哈拉 沙漠 是 世界 第一 大 沙漠。
The Sahara Desert is the largest desert in the world.

shātān
2. 沙滩（七—九级词汇 3530）
beach

Xiàtiān yóurénmen xǐhuan zài shātān shang shài tàiyáng.
夏天 游人们 喜欢 在 沙滩 上 晒 太阳。
Tourists like basking in the sun on the beach in summer.

扩展学习 *Extended learning*

shāfā
1. 沙发（三级词汇 608）
sofa

fēngshā
2. 风沙（七—九级词汇 1160）
sand blown by the wind

笔顺 *Stroke order*

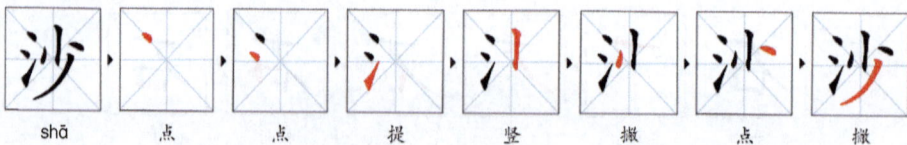

沙	丶	丶	氵	氵丨	氵丿	沙	沙
shā	点	点	提	竖	撇	点	撇

练习 *Exercise*

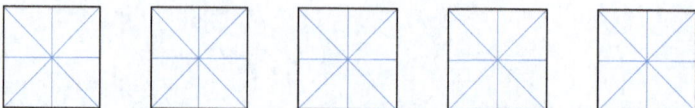

16

zhōu

州

zhou
（administrative division）

（七—九级汉字 1163）

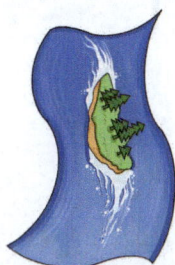

字体演变 *The evolution of this Chinese character*

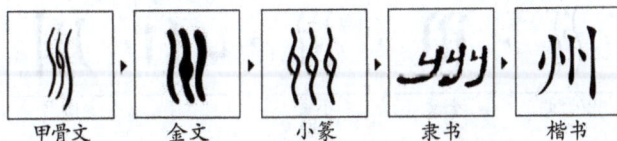

| 甲骨文 | 金文 | 小篆 | 隶书 | 楷书 |

词汇 *Vocabulary*

jiǔzhōu
1. 九州
ancient name for China

Zhōngqiū jiājié jiǔzhōu tóng qìng.
中秋 佳节 九州 同 庆。
Mid-Autumn Festival is celebrated throughout China.

Hángzhōu
2. 杭州
Hangzhou

G20 fēnghuì zài Zhōngguó Hángzhōu jǔxíng.
G20 峰会 在 中国 杭州 举行。
G20 Summit was held in Hangzhou, China.

扩展学习 *Extended learning*

zìzhìzhōu
1. 自治州
autonomous prefecture

zhōuzhǎng
2. 州长
state governor

笔顺 *Stroke order*

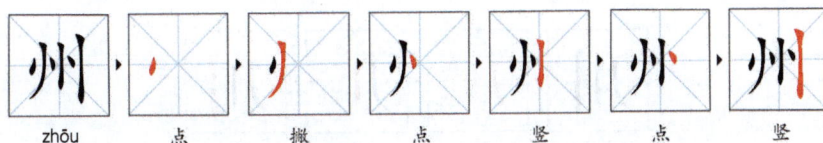

| 州 | 丶 | 丿 | 小 | 州 | 州 | 州 |
| zhōu | 点 | 撇 | 点 | 竖 | 点 | 竖 |

练习 *Exercise*

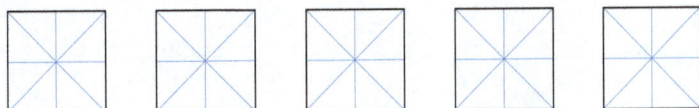

chuān

川 river

（七—九级汉字 132）

字体演变 *The evolution of this Chinese character*

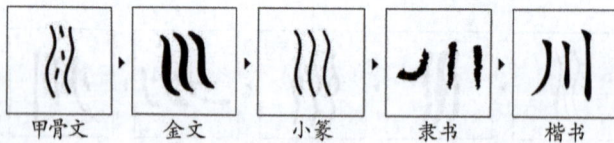

甲骨文	金文	小篆	隶书	楷书

词汇 *Vocabulary*

chuānliú–bùxī
1. 川流不息（七—九级词汇 580）
flow past in an endless stream

Guóqìng Jié nà tiān，Tiān'ān Mén Guǎngchǎng shang
de rén chuānliú–bùxī.
国庆节那天，天安门 广场 上的人 川流不息。
There was a steady stream of people in Tian'anmen Square on National Day.

shānchuān
2. 山川（七—九级词汇 3539）
mountains and rivers

Zhèli shānchuān xiùlì，shì lǚyóu de hǎo dìfang.
这里 山川 秀丽，是旅游的好地方。
With beautiful mountains and rivers, this is a good place to travel.

扩展学习 *Extended learning*

Sìchuān
1. 四川   Sichuan Province

hǎinàbǎichuān
2. 海纳百川   all rivers run into sea

笔顺 *Stroke order*

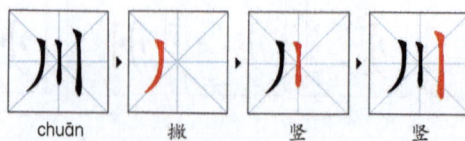

川	丿	刂	川
chuān	撇	竖	竖

练习 *Exercise*

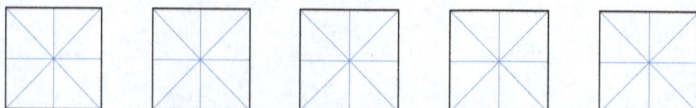

shuǐ

水

water

（一级汉字 209）

字体演变 *The evolution of this Chinese character*

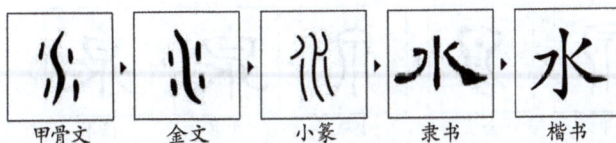

甲骨文　　金文　　小篆　　隶书　　楷书

词汇 *Vocabulary*

kāishuǐ
1. 开水 （四级词汇 432）
boiling water

Tā de gēbo bèi kāishuǐ tàngshāng le.
他的 胳膊 被 开水 烫伤 了。
His arm was scalded by boiling water.

shuǐpíng
2. 水平 （二级词汇 503）
level

Tā de Hànyǔ shuǐpíng hěn gāo.
她的 汉语 水平 很 高。
She has a good command of Chinese.

扩展学习 *Extended learning*

qìshuǐ
1. 汽水 （四级词汇 574）
soda water

xīnshui
2. 薪水 （六级词汇 906）
salary; pay

笔顺 *Stroke order*

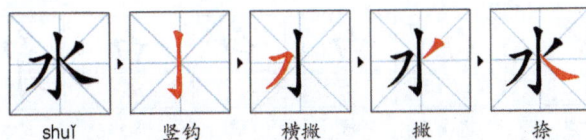

shuǐ　　竖钩　　横撇　　撇　　捺

练习 *Exercise*

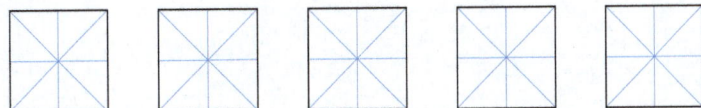

quán

泉

spring
（四级汉字 174）

字体演变 *The evolution of this Chinese character*

| 甲骨文 | 金文 | 小篆 | 隶书 | 楷书 |

词汇 *Vocabulary*

kuàngquánshuǐ
1. 矿泉水 （四级词汇 449）
   mineral water

Zhè píng kuàngquánshuǐ liǎng kuài qián.
这瓶 矿泉水 两块钱。
This bottle of mineral water costs two *yuan*.

yuánquán
2. 源泉 （七—九级词汇 5146）
   source

Shuǐ shì shēngmìng de yuánquán.
水是 生命 的 源泉。
Water is the source of life.

扩展学习 *Extended learning*

pēnquán
1. 喷泉 （七—九级词汇 3082）
   fountain

wēnquán
2. 温泉 （七—九级词汇 4322）
   hot spring

笔顺 *Stroke order*

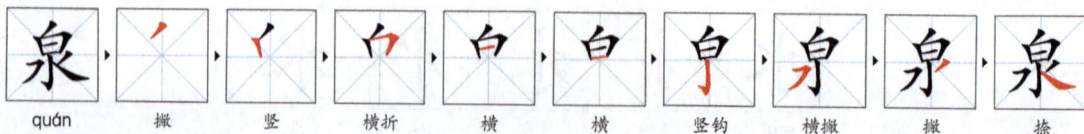

| 泉 | 丿 | 亻 | 勹 | 白 | 白 | 臼 | 身 | 泉 | 泉 |
| quán | 撇 | 竖 | 横折 | 横 | 横 | 竖钩 | 横撇 | 撇 | 捺 |

练习 *Exercise*

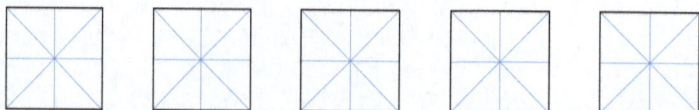

bīng

冰 ice

（四级汉字 20）

字体演变 *The evolution of this Chinese character*

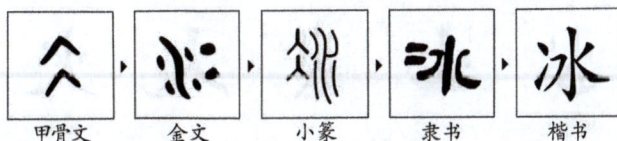

| 甲骨文 | 金文 | 小篆 | 隶书 | 楷书 |

词汇 *Vocabulary*

bīngxiāng
1. 冰箱 （四级词汇 48）
refrigerator

Bīngxiāng li yǒu liǎng gè bīngqílín.
冰箱 里 有 两 个 冰淇淋。
There are two ice creams in the fridge.

bīngxuě
2. 冰雪 （四级词汇 49）
ice and snow

Tiānqì zhuǎn nuǎn, bīngxuě kāishǐ rónghuà le.
天气 转 暖， 冰雪 开始 融化 了。
The ice and snow are starting to thaw as the weather warms up.

扩展学习 *Extended learning*

bīnggùnr
1. 冰棍儿（七—九级词汇 226）
ice lolly

huábīng
2. 滑冰 （七—九级词汇 1721）
skating

笔顺 *Stroke order*

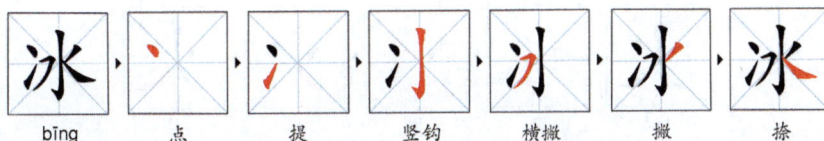

| 冰 | 丶 | 冫 | 刁 | 刁 | 冰 | 冰 |
| bīng | 点 | 提 | 竖钩 | 横撇 | 撇 | 捺 |

练习 *Exercise*

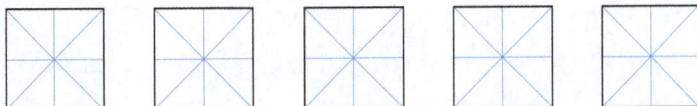

21

huǒ

火

fire

（一级汉字 98）

字体演变 *The evolution of this Chinese character*

甲骨文	金文	小篆	隶书	楷书

词汇 *Vocabulary*

huǒyàn

1. 火焰 （七—九级词汇 1835）
flame

Zhòngrén shí chái huǒyàn gāo.
众人 拾 柴 火焰 高。
When everybody adds fuel, the flames rise high.

huǒchái

2. 火柴 （五级词汇 350）
match

Huǒchái zài hézi li.
火柴 在 盒子 里。
The matches are in the box.

扩展学习 *Extended learning*

fāhuǒ

1. 发火 （七—九级词汇 1020）
get angry

huǒguō

2. 火锅 （七—九级词汇 1827）
hot pot

笔顺 *Stroke order*

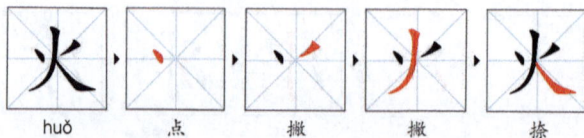

huǒ	点	撇	撇	捺

练习 *Exercise*

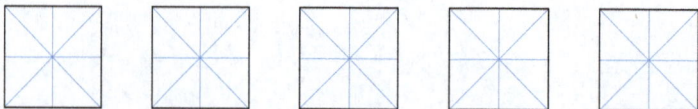

主题三：时间　**Time**

dàn

旦

dawn; day

（五级汉字 42）

字体演变 *The evolution of this Chinese character*

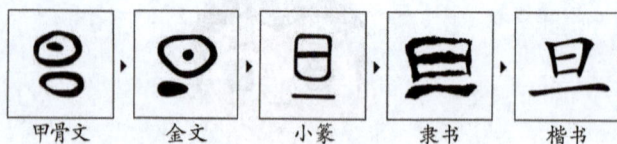

甲骨文 → 金文 → 小篆 → 隶书 → 楷书

词汇 *Vocabulary*

Yuándàn

1. 元旦 （五级词汇 935）
   New Year's Day

   Yuándàn yòu chēng xīnnián, shì gōnglì nián de dì-yī tiān.

   元旦 又 称 新年，是 公历 年 的 第一 天。

   New Year's Day, also known as New Year, falls on the first day of the Gregorian calendar.

yídàn

2. 一旦 （五级词汇 890）
   once

   Yídàn zuòchū juédìng, wǒ jiù huì jiānchí xiaqu.

   一旦 做出 决定，我 就 会 坚持 下去。

   Once I make a decision, I will persist.

扩展学习 *Extended learning*

dànxī

1. 旦夕
   this morning or evening—a short while

tōngxiāo dádàn

2. 通宵达旦
   throughout the night

笔顺 *Stroke order*

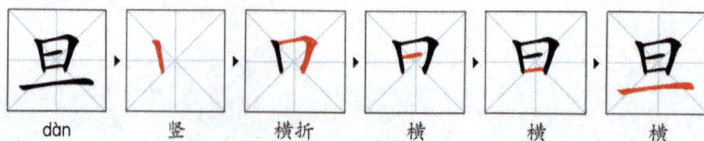

旦 → 丨 → 冂 → 日 → 旦 → 旦

dàn 竖 横折 横 横 横

练习 *Exercise*

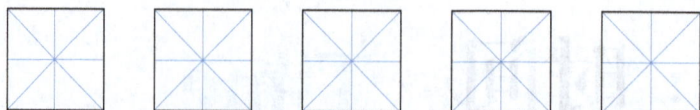

xī

夕

evening; night

（五级汉字 240）

字体演变 *The evolution of this Chinese character*

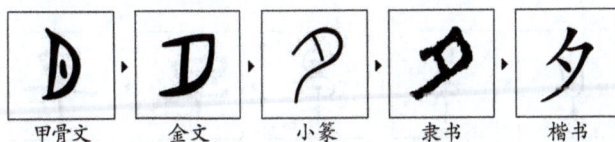

甲骨文	金文	小篆	隶书	楷书
D	D	੭	夕	夕

词汇 *Vocabulary*

xīyáng
1. 夕阳
setting sun

Zuànshí zài xīyáng zhàoshè xià shǎnshǎn fā guāng.
钻石 在 夕阳 照射 下 闪闪 发 光。
The diamond glittered in the rays of the setting sun.

chúxī
2. 除夕 （五级词汇 128）
New Year's Eve

Chúxī yè quánjiā rén wéizuò zài yìqǐ bāo jiǎozi.
除夕 夜 全家 人 围坐 在 一起 包 饺子。
On New Year's Eve, the whole family sits together to make dumplings.

扩展学习 *Extended learning*

qiánxī
1. 前夕 （七—九级词汇 3261）
eve

zhāoxī-xiāngchǔ
2. 朝夕 相处 （七—九级词汇 5269）
be constantly together

笔顺 *Stroke order*

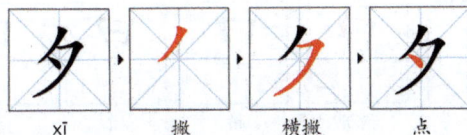

夕	ノ	夕	夕
xī	撇	横撇	点

练习 *Exercise*

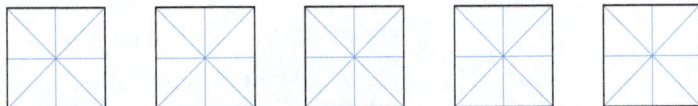

25

zǎo

早

morning

（一级汉字 278）

字体演变 *The evolution of this Chinese character*

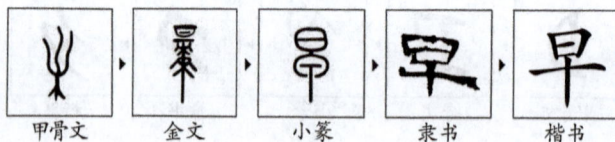

甲骨文	金文	小篆	隶书	楷书

词汇 *Vocabulary*

zǎoshang
1. 早上（一级词汇 459）
   morning

   Zǎoshang hǎo!
   早上 好!
   Good morning!

jízǎo
2. 及早（七—九级词汇 1875）
   as soon as possible

   Wǒ rènwéi zhège wèntí yīnggāi jízǎo chǔlǐ.
   我 认为 这个 问题 应该 及早 处理。
   I think this problem should be dealt with as soon as possible.

扩展学习 *Extended learning*

zǎofàn
1. 早饭（一级词汇 458）
   breakfast

chènzǎo
2. 趁早 （七—九级词汇 442）
   as early as possible

笔顺 *Stroke order*

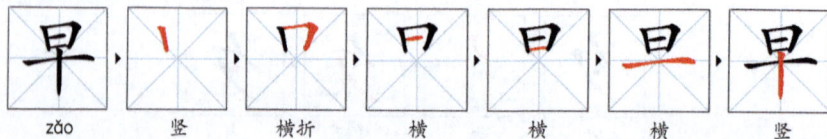

zǎo	竖	横折	横	横	横	竖

练习 *Exercise*

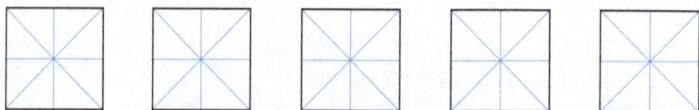

26

zhòu

昼

daytime; day

（七—九汉字 1167）

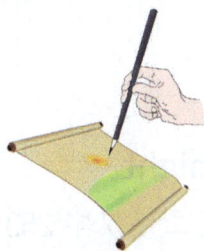

字体演变 *The evolution of this Chinese character*

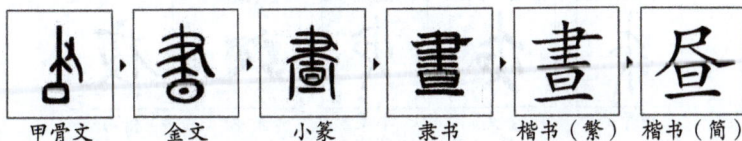

甲骨文	金文	小篆	隶书	楷书（繁）	楷书（简）

词汇 *Vocabulary*

zhòu
1. 昼
daytime

Xiàjì zhòu cháng yè duǎn.
夏季昼长夜短。
In summer, the days are long and the nights are short.

zhòuyè
2. 昼夜 （七—九级词汇 5441）
day and night

Dìqiú zhòuyè bù tíng de yùnzhuǎn.
地球昼夜不停地运转。
The earth moves day and night.

扩展学习 *Extended learning*

báizhòu
1. 白昼
daytime

jízhòu
2. 极昼
polar day

笔顺 *Stroke order*

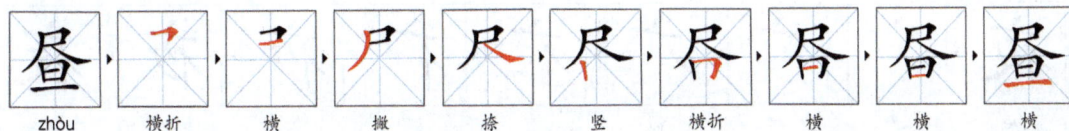

昼								
zhòu	横折	横	撇	捺	竖	横折	横	横	横

练习 *Exercise*

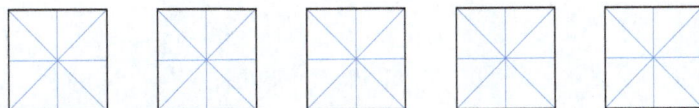

yè

夜

night

（二级汉字 253）

字体演变 *The evolution of this Chinese character*

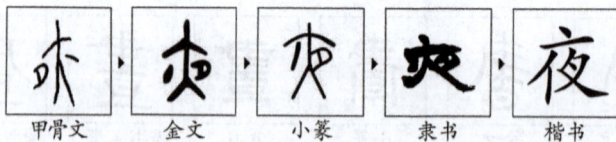

| 甲骨文 | 金文 | 小篆 | 隶书 | 楷书 |

词汇 *Vocabulary*

    yè
1. 夜（二级词汇 644）
    night

    kāi yèchē
2. 开夜车（六级词汇 498）
    work late into the night

Wǒ péngyou zài wǒmen jiā zhùle yí yè.
我 朋友 在 我们 家 住了一夜。
My friend stayed overnight at our house.

Tā kǎoshì qián zǒngshì kāi yèchē.
他 考试 前 总是 开夜车。
He always burns the midnight oil before examinations.

扩展学习 *Extended learning*

    yèshì
1. 夜市（七一九级词汇 4861）
    night market

    yèwǎn
2. 夜晚（七一九级词汇 4862）
    night

笔顺 *Stroke order*

夜	丶	一	亠	一	亠	夜	夜	夜
yè	点	横	撇	竖	撇	横撇	点	捺

练习 *Exercise*

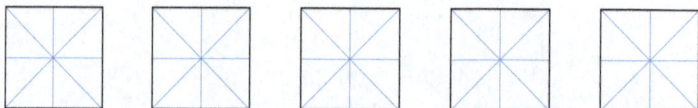

míng
明

bright; clear;
understand

（一级汉字 153）

字体演变 *The evolution of this Chinese character*

甲骨文	金文	小篆	隶书	楷书

词汇 *Vocabulary*

1. míngtiān
   明天 （一级词汇 248）
   tomorrow

   Wǒ míngtiān gěi nǐ dǎ diànhuà.
   我 明天 给你 打 电话。
   I will call you tomorrow.

2. míngbai
   明白 （一级词汇 246）
   see clear; understand

   Nǐmen tīng míngbai le ma?
   你们 听 明白 了 吗？
   Do you understand?

扩展学习 *Extended learning*

1. míngquè
   明确 （三级词汇 492）
   clear and definite

2. límíng
   黎明 （七—九级词汇 2564）
   dawn; daybreak

笔顺 *Stroke order*

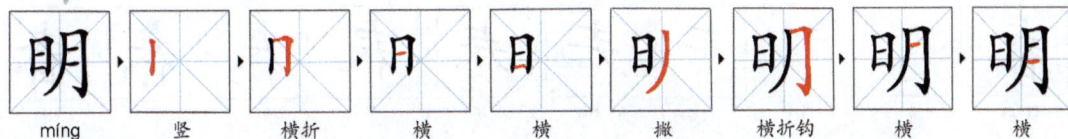

明	丨	冂	月	日	肌	明	明	明
míng	竖	横折	横	横	撇	横折钩	横	横

练习 *Exercise*

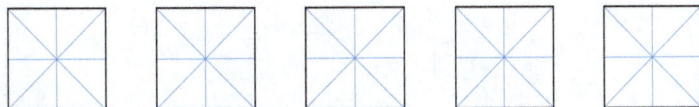

chūn

春

spring
（二级汉字 31）

字体演变 *The evolution of this Chinese character*

| 甲骨文 | 金文 | 小篆 | 隶书 | 楷书 |

词汇 *Vocabulary*

chūntiān
1. 春天 （二级词汇 80）
spring; springtime

Huā zài chūntiān kāifàng.
花 在 春天 开放。
Flowers bloom in spring.

qīngchūn
2. 青春 （四级词汇 584）
youth

Niánqīngrén chōngmǎnle qīngchūn hé huólì.
年轻人 充满了 青春 和 活力。
Young people are full of youth and vitality.

扩展学习 *Extended learning*

Chūnjié
1. 春节 （二级词汇 79）
Spring Festival

chūnjì
2. 春季 （四级词汇 118）
spring

笔顺 *Stroke order*

| 春 | 一 | 二 | 三 | 夫 | 夫 | 夫 | 春 | 春 | 春 |
| chūn | 横 | 横 | 横 | 撇 | 捺 | 竖 | 横折 | 横 | 横 |

练习 *Exercise*

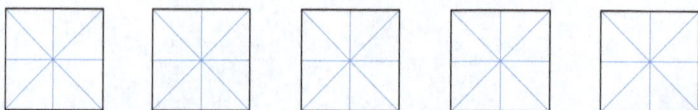

xià

夏

summer

（二级汉字 233）

字体演变 *The evolution of this Chinese character*

| 甲骨文 | 金文 | 小篆 | 隶书 | 楷书 |

词汇 *Vocabulary*

xiàjì
1. 夏季（四级词汇 789）
summer

Jīnnián xiàjì yǔshuǐ tài duō le.
今年 夏季 雨水 太 多 了。
It rained too much this summer.

xiàlìngyíng
2. 夏令营（七—九级词汇 4475）
summer camp

Zài xiàlìngyíng li, wǒmen jǔxíngle hěn duō huódòng.
在 夏令营 里，我们 举行了 很 多 活动。
In the summer camp, we held many activities.

扩展学习 *Extended learning*

yánxià
1. 炎夏
hot summer

Huáxià
2. 华夏
ancient name for China

笔顺 *Stroke order*

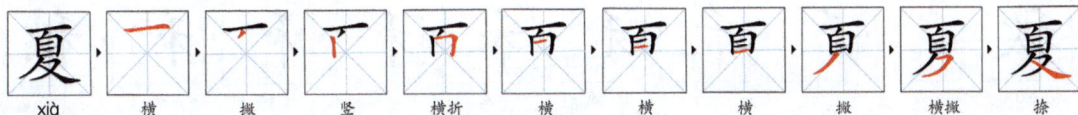

夏 → 一 → 丆 → 丆 → 百 → 百 → 百 → 百 → 夏 → 夏 → 夏

xià　横　撇　竖　横折　横　横　横　撇　横撇　捺

练习 *Exercise*

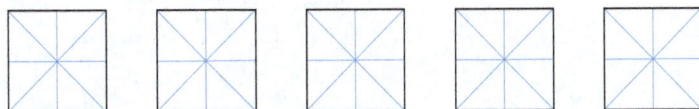

31

qiū

秋

autumn

（二级汉字 172）

字体演变 *The evolution of this Chinese character*

甲骨文　　金文　　小篆　　隶书　　楷书

词汇 *Vocabulary*

qiūtiān
1. 秋天（二级词汇 445）
   autumn

Qiūtiān shì lǚxíng de zuì hǎo jìjié.
秋天 是 旅行 的 最好 季节。
Autumn is the best season for travelling.

chūnqiū
2. 春秋
   spring and autumn; year

Wáng lǎoshī zài zhè suǒ dàxué jiāoshū yǐ yǒu 20
王 老师 在 这 所 大学 教书 已 有 20
gè chūnqiū.
个 春秋。
Ms. Wang has taught at this university for 20 years.

扩展学习 *Extended learning*

qiūjì
1. 秋季（四级词汇 591）
   autumn

Zhōngqiū Jié
2. 中秋 节（五级词汇 1023）
   Mid-Autumn Festival

笔顺 *Stroke order*

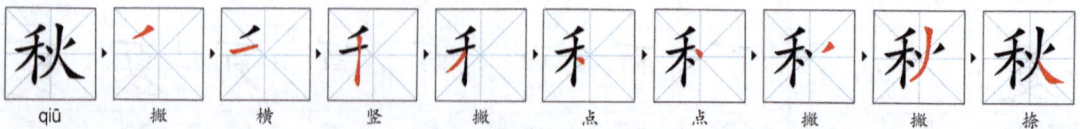

qiū　　撇　　横　　竖　　撇　　点　　点　　撇　　撇　　捺

练习 *Exercise*

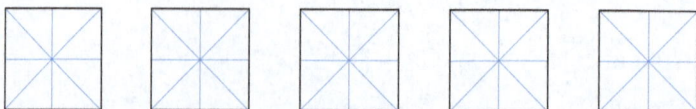

32

dōng

冬 winter

（二级汉字 43）

字体演变 *The evolution of this Chinese character*

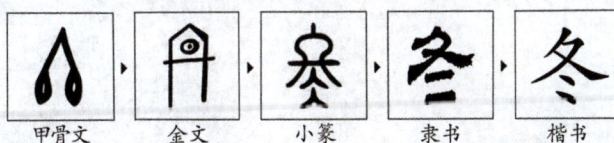

| 甲骨文 | 金文 | 小篆 | 隶书 | 楷书 |

词汇 *Vocabulary*

dōngtiān

1. 冬天（二级词汇 133）
   winter

Dōngtiān lái le, chūntiān hái huì yuǎn ma?
冬天 来了，春天 还会 远 吗？
If winter comes, can spring be far behind?

dōngmián

2. 冬眠
   hibernate

Xióng chángcháng zài shāndòng li dōngmián.
熊 常常 在 山洞 里 冬眠。
Bears often hibernate in caves.

扩展学习 *Extended learning*

dōngjì

1. 冬季（四级词汇 194）
   winter

hándōng

2. 寒冬
   severe winter

笔顺 *Stroke order*

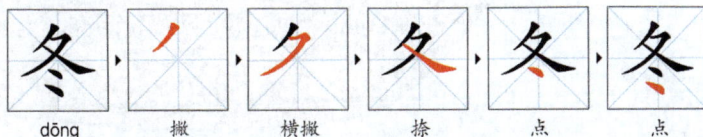

| 冬 | ノ | ク | 夂 | 冬 | 冬 |
| dōng | 撇 | 横撇 | 捺 | 点 | 点 |

练习 *Exercise*

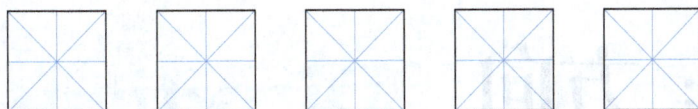

33

主题四：方向　Directions

dōng

东

east

（一级汉字 49）

字体演变 *The evolution of this Chinese character*

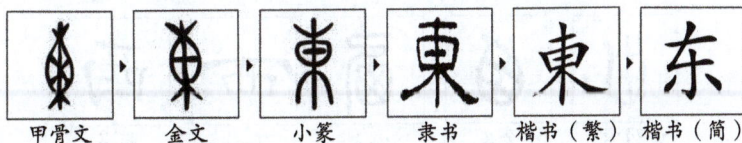

甲骨文	金文	小篆	隶书	楷书（繁）	楷书（简）

词汇 *Vocabulary*

dōngbian
1. 东边 （一级词汇 85）
east

Tàiyáng cóng dōngbian shēngqǐ.
太阳 从 东边 升起。
The sun rises in the east.

dōngdàozhǔ
2. 东道主（七一九级词汇 907）
host

Běijīng shì 2022 nián Dōngjì Àoyùnhuì de dōngdàozhǔ.
北京 是 2022 年 冬季 奥运会 的 东道主。
Beijing is the host of the 2022 Winter Olympics.

扩展学习 *Extended learning*

fángdōng
1. 房东 （三级词汇 188）
owner of a house; landlord or landlady

dōngbēn-xīzǒu
2. 东奔西走 （七一九级词汇 906）
run about busily

笔顺 *Stroke order*

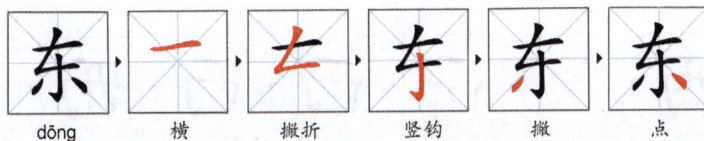

东	一	七	车	车	东
dōng	横	撇折	竖钩	撇	点

练习 *Exercise*

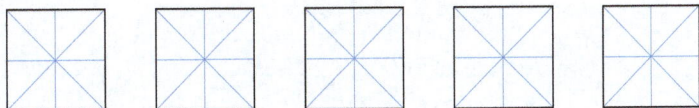

35

xī

西

west

（一级汉字 235）

字体演变 *The evolution of this Chinese character*

甲骨文　金文　小篆　隶书　楷书

词汇 *Vocabulary*

dōngxi
1. 东西（一级词汇 86）
thing

Wǒ yǐjīng yì tiān méi chī dōngxi le.
我 已经 一 天 没 吃 东西 了。
I haven't eaten anything all day.

dōngzhāng–xīwàng
2. 东张 西望
（七一九级词汇 908）
look around

Kǎoshì de shíhou, bú yào dōngzhāng-xīwàng de.
考试 的 时候，不要 东张 西望 的。
Don't look around during the exam.

扩展学习 *Extended learning*

dōngxī
1. 东西
east and west

xīhóngshì
2. 西红柿（五级词汇 808）
tomato

笔顺 *Stroke order*

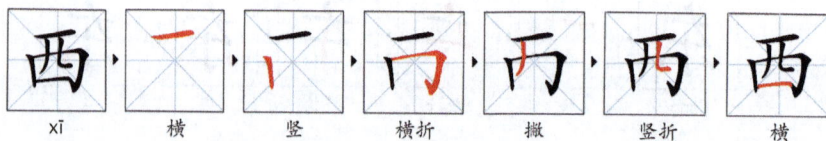

西　一　二　丏　丙　丙　西
xī　横　竖　横折　撇　竖折　横

练习 *Exercise*

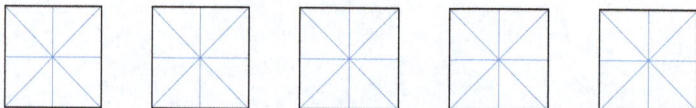

nán

南

south

（一级汉字 159）

字体演变 *The evolution of this Chinese character*

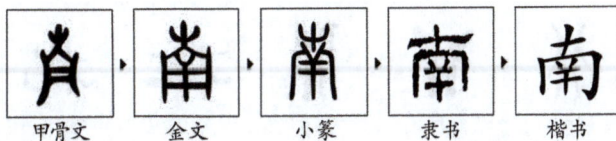

甲骨文	金文	小篆	隶书	楷书

词汇 *Vocabulary*

nánbian
1. 南边 （一级词汇 267）
south

Tā zhù zài chéngshì de nánbian.
他 住 在 城市 的 南边。
He lives in the south of the city.

zhǐnánzhēn
2. 指南针 （七—九级词汇 5376）
compass

Zhǐnánzhēn shì Zhōngguó gǔdài sì dà fāmíng zhīyī.
指南针 是 中国 古代 四大 发明 之一。
Compass is one of the Four Great Inventions in ancient China.

扩展学习 *Extended learning*

nánběi
1. 南北 （五级词汇 520）
south and north; from south to north

nánjí
2. 南极 （五级词汇 521）
South Pole

笔顺 *Stroke order*

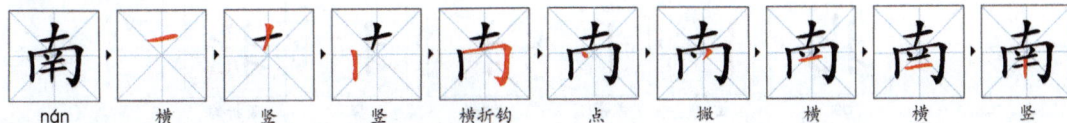

南	一	十	六	内	内	内	南	南	南
nán	横	竖	竖	横折钩	点	撇	横	横	竖

练习 *Exercise*

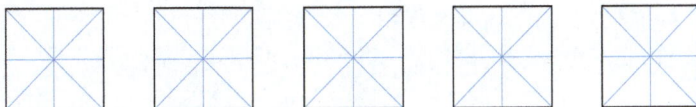

běi

北 north

（一级汉字 12）

字体演变 *The evolution of this Chinese character*

甲骨文	金文	小篆	隶书	楷书

词汇 *Vocabulary*

běifāng
1. 北方（二级词汇 16）
north

Dàlián wèiyú Zhōngguó běifāng.
大连 位于 中国 北方。
Dalian is located in the north of China.

běijí
2. 北极（五级词汇 21）
North Pole

Běijí shì dìqiú de zuì běi duān.
北极 是 地球 的 最北 端。
The North Pole is the northernmost end of the earth.

扩展学习 *Extended learning*

Běijīng
1. 北京（一级词汇 21）
Beijing

tiānnán-dìběi
2. 天南地北
far apart from each other

笔顺 *Stroke order*

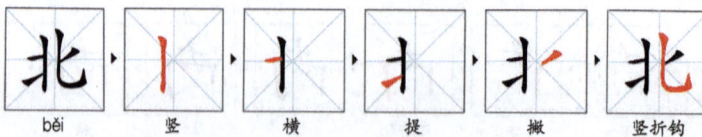

běi	竖	横	提	撇	竖折钩

练习 *Exercise*

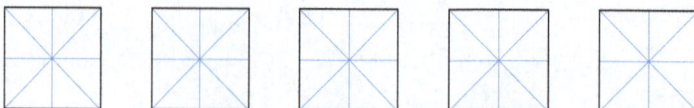

zhōng

中

middle; center

（一级汉字 287）

字体演变 *The evolution of this Chinese character*

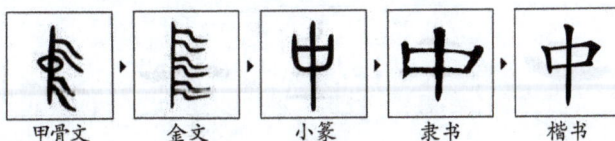

甲骨文　金文　小篆　隶书　楷书

词汇 *Vocabulary*

1. Zhōngguó
   中国 （一级词汇 477）
   China

   Zhōngguó shì yí gè shèhuì zhǔyì guójiā, yě shì
   中国 是 一 个 社会 主义 国家，也 是
   yí gè fāzhǎn zhōng guójiā.
   一个 发展 中 国家。
   China is a socialist country, and also a developing country.

2. zhōngjiān
   中间 （一级词汇 478）
   middle; among; between

   Wǒ zài hòu pái de zhōngjiān.
   我 在 后 排 的 中间。
   I was in the middle of the back row.

扩展学习 *Extended learning*

1. zhōngwǔ
   中午 （一级词汇 480）
   noon

2. zhōngxīn
   中心 （二级词汇 738）
   center

笔顺 *Stroke order*

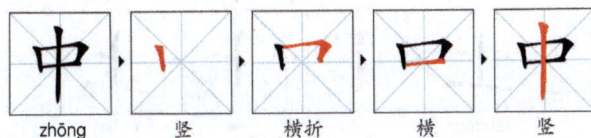

zhōng　竖　横折　横　竖

练习 *Exercise*

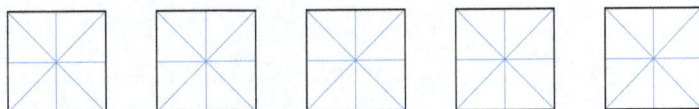

shàng

上

upper; up

（一级汉字191）

字体演变 *The evolution of this Chinese character*

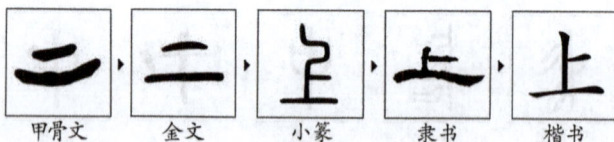

甲骨文	金文	小篆	隶书	楷书
二	二	上	上	上

词汇 *Vocabulary*

shàngwǔ
1. 上午 （一级词汇322）
morning

Wǒmen měi tiān shàngwǔ yǒu sì jié kè.
我们 每天 上午 有四节课。
We have four classes every morning.

shíjìshàng
2. 实际上 （三级词汇644）
actually

Tā kàn qilai hěn yǒu xìnxīn, shíjìshàng tā fēicháng
她看 起来 很 有 信心，实际上 她 非常
jǐnzhāng.
紧张。
She looked confident, but she was actually very nervous.

扩展学习 *Extended learning*

shàngbān
1. 上班 （一级词汇316）
go to work

xuěshàng-jiāshuāng
2. 雪上 加霜 （七—九级词汇4735）
snow plus frost—one disaster after another

笔顺 *Stroke order*

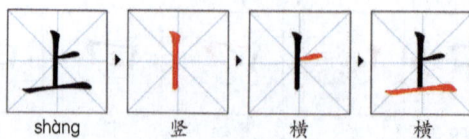

上	丨	卜	上
shàng	竖	横	横

练习 *Exercise*

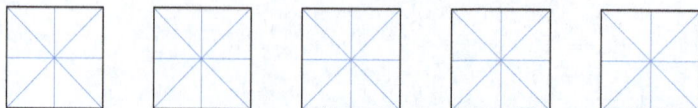

xià

下

down; below;
under
（一级汉字 241）

字体演变 *The evolution of this Chinese character*

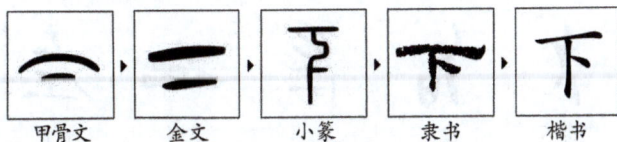

| 甲骨文 | 金文 | 小篆 | 隶书 | 楷书 |

词汇 *Vocabulary*

xiàwǔ
1. 下午（一级词汇 395）
afternoon

Wǒmen jīntiān xiàwǔ méiyǒu kè.
我们 今天 下午 没有 课。
We don't have any classes this afternoon.

xiàzài
2. 下载（四级词汇 788）
download

Nín kěyǐ xiàzài miǎnfèi shìyòng bǎnběn.
您 可以 下载 免费 试用 版本。
You can download a free trial version.

扩展学习 *Extended learning*

bùxiāng-shàngxià
1. 不相 上下 （七一九级词汇 294）
about the same

yǎnxià
2. 眼下（七一九级词汇 4792）
the present

笔顺 *Stroke order*

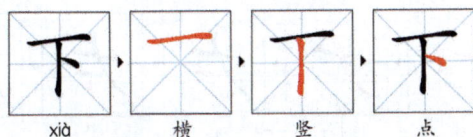

| xià | 横 | 竖 | 点 |

练习 *Exercise*

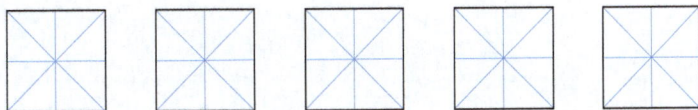

zuǒ

左

left

（一级汉字 297）

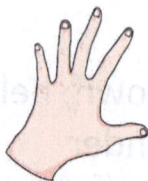

字体演变 *The evolution of this Chinese character*

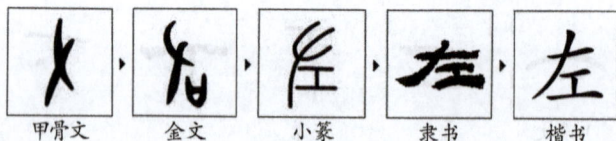

甲骨文　金文　小篆　隶书　楷书

词汇 *Vocabulary*

zuǒbian
1. 左边 （一级词汇 497）
left side

Wǒ bǎ rìqī xiězài běnzi zuǒbian.
我 把 日期 写在 本子 左边。
I wrote the date on the left side of the notebook.

zuǒyòu
2. 左右 （三级词汇 970）
left and right sides; around;
or so

Wǒ bā diǎn zuǒyòu gěi nǐ dǎ diànhuà.
我 八 点 左右 给 你 打 电话。
I will call you around eight o'clock.

扩展学习 *Extended learning*

zuǒshǒu
1. 左手
left hand

zuǒpiězi
2. 左撇子
left-handed person

笔顺 *Stroke order*

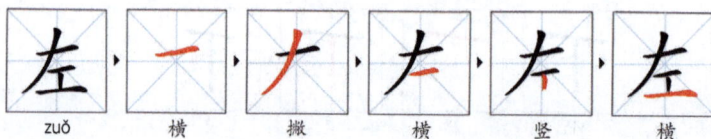

zuǒ　横　撇　横　竖　横

练习 *Exercise*

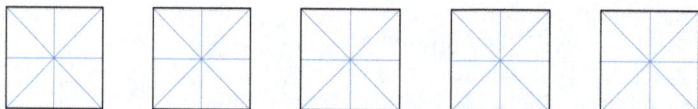

yòu

右

right

（一级汉字 269）

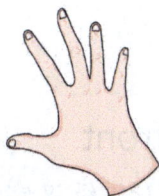

字体演变 *The evolution of this Chinese character*

| 甲骨文 | 金文 | 小篆 | 隶书 | 楷书 |

词汇 *Vocabulary*

yòubian
1. 右边 （一级词汇 448）
right side

Zài Zhōngguó chēliàng kào yòubian xíngshǐ.
在 中国 车辆 靠 右边 行驶。
Vehicles drive on the right in China.

zuòyòumíng
2. 座右铭 （七—九级词汇 5634）
motto

Zhè shì wǒ rénshēng de zuòyòumíng.
这 是 我 人生 的 座右铭。
This is my life motto.

扩展学习 *Extended learning*

yòushǒu
1. 右手
right hand

zuǒgù-yòupàn
2. 左顾 右盼 （七—九级词汇 5625）
look around

笔顺 *Stroke order*

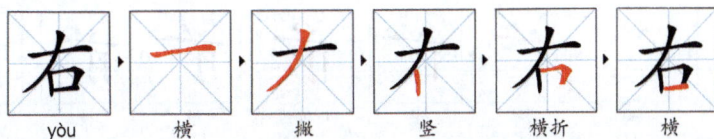

| 右 | 一 | 丿 | 大 | 右 | 右 |
| yòu | 横 | 撇 | 竖 | 横折 | 横 |

练习 *Exercise*

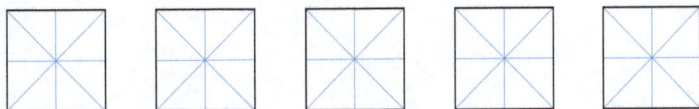

qián

前

front

（一级汉字 178）

字体演变 *The evolution of this Chinese character*

甲骨文	金文	小篆	隶书	楷书

词汇 *Vocabulary*

qiánbian
1. 前边 （一级词汇 292）
front; head

Mùlù zài shū de qiánbian.
目录 在 书 的 前边 。
The table of contents is in the front of the book.

yǐqián
2. 以前 （二级词汇 654）
former time

Tā yǐqián méi láiguo Zhōngguó.
他 以前 没 来过 中国 。
He has never been to China before.

扩展学习 *Extended learning*

qiántú
1. 前途 （四级词汇 578）
future

sīqián-xiǎnghòu
2. 思前 想后 （七—九级词汇 3914）
think over again and again

笔顺 *Stroke order*

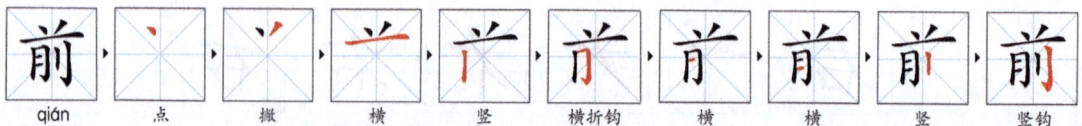

前	、	丷	丷	丷	𫝀	𫝀	𫝀	前	前
qián	点	撇	横	竖	横折钩	横	横	竖	竖钩

练习 *Exercise*

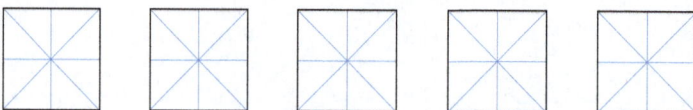

主题五：植物　Plants

cǎo

草

grass

（二级汉字 19）

字体演变 *The evolution of this Chinese character*

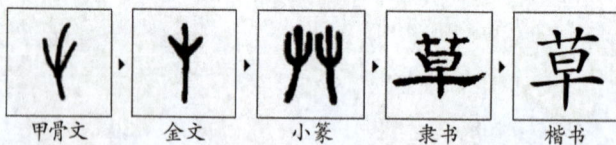

甲骨文	金文	小篆	隶书	楷书

词汇 *Vocabulary*

cǎoyuán
1. 草原 （五级词汇 78）
grass land

Zài cǎoyuán shang, niú, yáng dōu shì hěn cháng jiàn de.
在 草原 上 ，牛、羊 都 是 很 常 见 的。
Cattle and sheep are very common on the grassland.

qīngcǎo
2. 青草
green grass

Shānpō shang zhǎngmǎnle qīngcǎo.
山坡 上 长满了 青草。
The hillside is covered with green grass.

扩展学习 *Extended learning*

cǎo' àn
1. 草案 （七—九级词汇 353）
draft

qǐcǎo
2. 起草 （七—九级词汇 3205）
draw up

笔顺 *Stroke order*

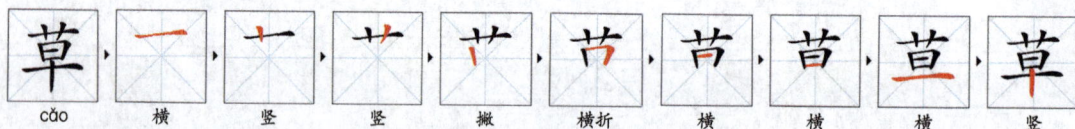

草	一	一	艹	艹	芇	芇	苩	茸	草
cǎo	横	竖	竖	撇	横折	横	横	横	竖

练习 *Exercise*

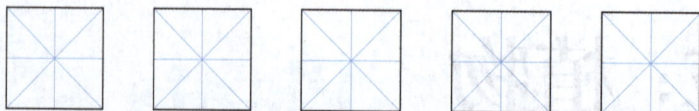

46

duǒ

朵

flower

（五级汉字 53）

字体演变 *The evolution of this Chinese character*

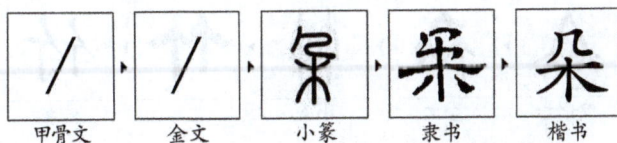

| 甲骨文 | 金文 | 小篆 | 隶书 | 楷书 |

词汇 *Vocabulary*

huāduǒ
1. 花朵

Gōngyuán li yǒu hěn duō xiānyàn měilì de huāduǒ.
公园 里有很多鲜艳美丽的花朵。
flower   There are many bright and beautiful flowers in the park.

ěrduo
2. 耳朵（五级词汇 222）
ear

Tùzi yǒu yì shuāng cháng ěrduo.
兔子有一双长耳朵。
A rabbit has a pair of long ears.

扩展学习 *Extended learning*

duǒ
1. 朵（五级词汇 219）
a measure word for flowers, clouds, etc.

dàkuàiduǒyí
2. 大快朵颐
enjoy eating

笔顺 *Stroke order*

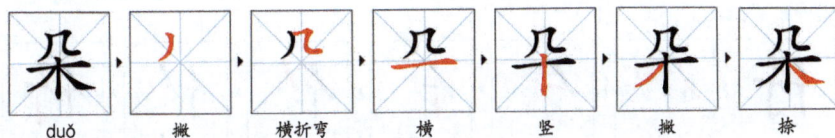

朵 · 撇 · 横折弯 · 横 · 竖 · 撇 · 捺

练习 *Exercise*

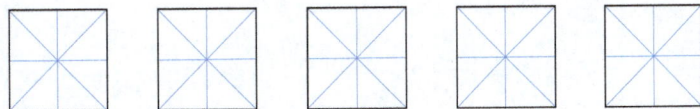

zhú

竹

bamboo

（五级汉字 294）

字体演变 *The evolution of this Chinese character*

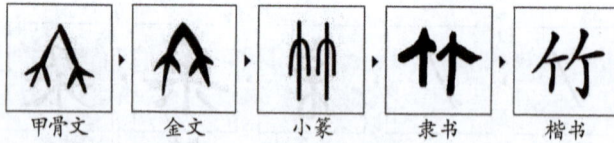

甲骨文	金文	小篆	隶书	楷书

词汇 *Vocabulary*

zhúzi
1. 竹子（五级词汇 1032）
bamboo

Xióngmāo xǐhuan chī zhúzi.
熊猫 喜欢 吃 竹子。
Pandas like eating bamboo.

bàozhú
2. 爆竹（七—九级词汇 125）
firecracker

Guònián de shíhou jiājiāhùhù dōu huì tiē duìlián,
过年 的 时候 家家户户 都 会 贴 对联，
fàng bàozhú.
放 爆竹。
Every family pastes Spring Festival couplets and sets off firecrackers during Chinese New Year.

扩展学习 *Extended learning*

xiōngyǒuchéngzhú
1. 胸有成竹 （七—九级词汇 4666）
have a well-thought-out plan in mind

zhúgān
2. 竹竿（七—九级词汇 5448）
bamboo pole

笔顺 *Stroke order*

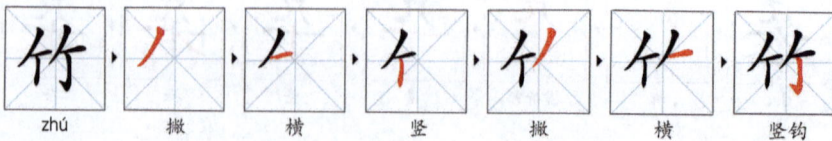

竹	丿	⺊	午	仁	竹	竹
zhú	撇	横	竖	撇	横	竖钩

练习 *Exercise*

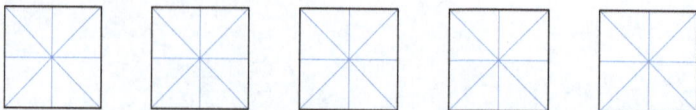

mù

木

wood

（三级汉字 147）

字体演变 *The evolution of this Chinese character*

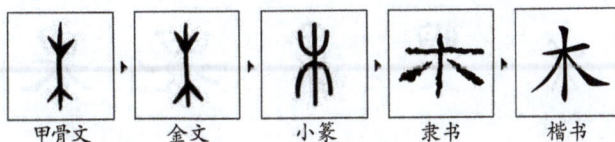

| 甲骨文 | 金文 | 小篆 | 隶书 | 楷书 |

词汇 *Vocabulary*

mùtou
1. 木头（三级词汇 497）
wood

Zhè zhāng zhuōzi shì yóu mùtou zuò de.
这 张 桌子 是 由 木头 做 的。
This table is made of wood.

mámù
2. 麻木（七—九级词汇 2766）
numb

Tài lěng le, shǒu dōu dòngde mámù le.
太 冷 了，手 都 冻得 麻木 了。
It's too cold, and my hands are numb with cold.

扩展学习 *Extended learning*

mùcái
1. 木材（七—九级词汇 2933）
timber

shùmù
2. 树木（七—九级词汇 3826）
trees

笔顺 *Stroke order*

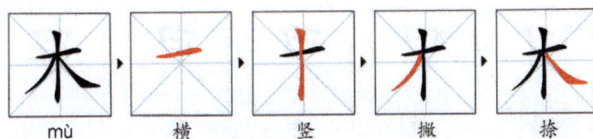

| 木 | 一 | 十 | 丆 | 木 |
| mù | 横 | 竖 | 撇 | 捺 |

练习 *Exercise*

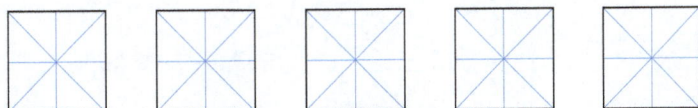

guǒ

果

fruit

（一级汉字 80）

字体演变 *The evolution of this Chinese character*

甲骨文	金文	小篆	隶书	楷书

词汇 *Vocabulary*

shuǐguǒ
1. 水果 （一级词汇 346）
fruit

Tā mǎile hěn duō xīnxiān de shuǐguǒ.
他 买了 很 多 新鲜 的 水果。
He bought a lot of fresh fruit.

píngguǒ
2. 苹果 （三级词汇 539）
apple

Yì tiān yí gè píngguǒ，yīshēng yuǎnlí wǒ.
一 天 一 个 苹果 ， 医生 远离 我。
An apple a day keeps the doctor away.

扩展学习 *Extended learning*

jiéguǒ
1. 结果 （二级词汇 291）
result

chéngguǒ
2. 成果 （三级词汇 90）
achievement

笔顺 *Stroke order*

果	丨	冂	冋	旦	旦	甲	果	果
guǒ	竖	横折	横	横	竖	竖	撇	捺

练习 *Exercise*

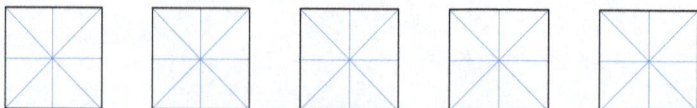

50

guā

瓜

melon; gourd

（四级汉字 76）

字体演变 *The evolution of this Chinese character*

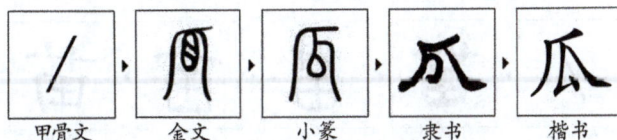

丿	冎	瓜	瓜	瓜
甲骨文	金文	小篆	隶书	楷书

词汇 *Vocabulary*

xīguā
1. 西瓜（四级词汇 773）
watermelon

Xīguā yòu dà yòu tián.
西瓜 又 大 又 甜。
The watermelon is big and sweet.

guāfēn
2. 瓜分（七—九级词汇 1434）
carve up

Hěn duō gōngsī dōu qǐtú guāfēn zhège jùdà de
很 多 公 司 都 企 图 瓜 分 这 个 巨 大 的
shìchǎng.
市 场。
Many companies are attempting to carve up this huge market.

扩展学习 *Extended learning*

huángguā
1. 黄瓜 （四级词汇 333）
cucumber

guāzǐ
2. 瓜子（七—九级词汇 1435）
melon seed

笔顺 *Stroke order*

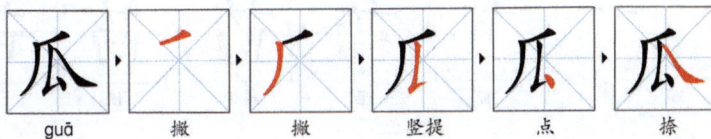

瓜	一	厂	厂	瓜	瓜
guā	撇	撇	竖提	点	捺

练习 *Exercise*

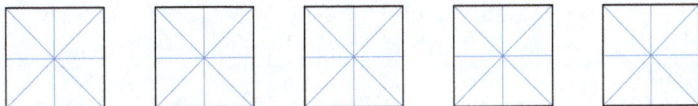

51

miáo

苗

seedling

（七—九级汉字 602）

字体演变 *The evolution of this Chinese character*

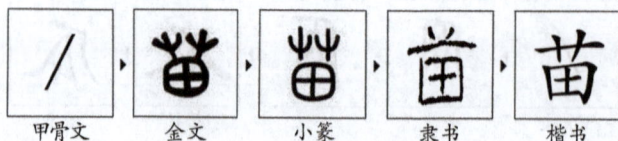

甲骨文	金文	小篆	隶书	楷书

词汇 *Vocabulary*

hémiáo
1. 禾苗 （七—九级词汇 1607）
seedlings of cereal crops

Lǜ yóuyóu de hémiáo hěn tǎo rén xǐhuan.
绿油油 的 禾苗 很 讨人 喜欢。
The green seedlings are very delightful.

miáotiao
2. 苗条 （七—九级词汇 2878）
slim

Tā de shēncái hěn miáotiao.
她 的 身材 很 苗条。
She is slim.

扩展学习 *Extended learning*

miáotou
1. 苗头 （七—九级词汇 2879）
symptom of a trend

yìmiáo
2. 疫苗 （七—九级词汇 4969）
vaccine

笔顺 *Stroke order*

苗	一	十	艹	艹	节	节	苗	苗
miáo	横	竖	撇	竖	横折	横	竖	横

练习 *Exercise*

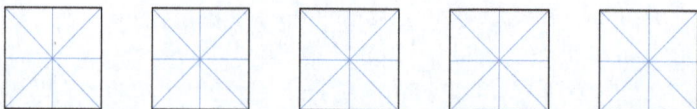

mài

麦

wheat

（六级汉字 145）

字体演变 *The evolution of this Chinese character*

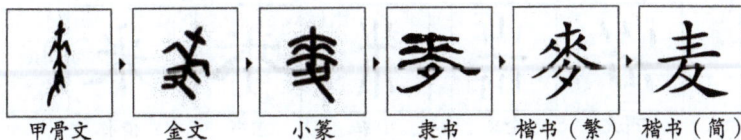

甲骨文	金文	小篆	隶书	楷书（繁）	楷书（简）

词汇 *Vocabulary*

xiǎomài
1. 小麦 （六级词汇 888）
wheat

Miànfěn shì yóu xiǎomài jiāgōng ér lái de.
面粉 是 由 小麦 加工 而 来 的。
Flour is processed from wheat.

màiyá
2. 麦芽
malt

Màiyá shì zhìzuò píjiǔ de zhǔyào yuánliào.
麦芽 是 制作 啤酒 的 主要 原料。
Malt is the main raw material for making beer.

扩展学习 *Extended learning*

màikèfēng
1. 麦克风
microphone

yànmài
2. 燕麦
oats

笔顺 *Stroke order*

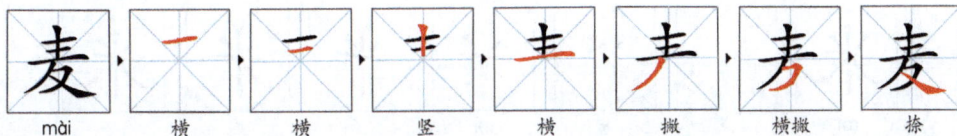

麦	一	二	丰	圭	声	麦	麦
mài	横	横	竖	横	撇	横撇	捺

练习 *Exercise*

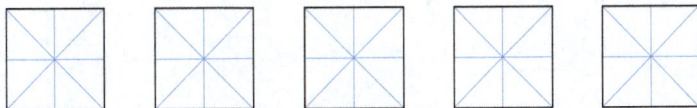

mǐ

米

rice; meter

（一级汉字 150）

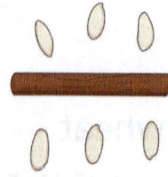

字体演变 *The evolution of this Chinese character*

甲骨文	金文	小篆	隶书	楷书

词汇 *Vocabulary*

mǐfàn
1. 米饭（一级词汇 242）
(cooked) rice

Wǒ chīle liǎng wǎn mǐfàn.
我 吃了 两 碗 米饭。
I had two bowls of rice.

mǐ
2. 米（二级词汇 376）
meter

Tā shēn gāo yì mǐ bā.
他 身 高 一 米 八。
He is 1.8 meters tall.

扩展学习 *Extended learning*

límǐ
1. 厘米（四级词汇 468）
centimeter

dàmǐ
2. 大米（六级词汇 189）
rice

笔顺 *Stroke order*

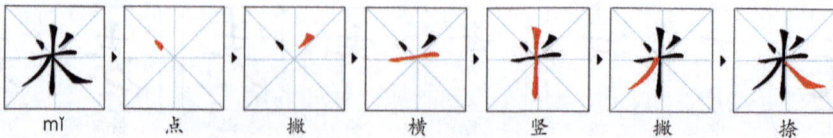

米	、	㇔	丷	半	米	米
mǐ	点	撇	横	竖	撇	捺

练习 *Exercise*

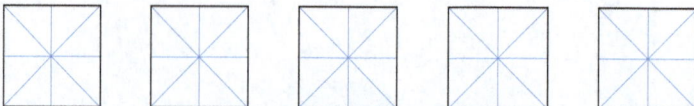

cài

菜

vegetable

（一级汉字 20）

字体演变 *The evolution of this Chinese character*

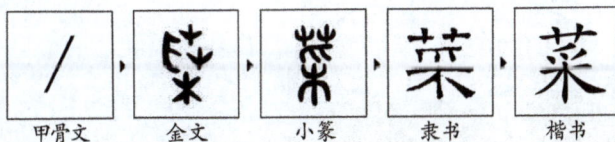

甲骨文	金文	小篆	隶书	楷书

词汇 *Vocabulary*

shūcài
1. 蔬菜（五级词汇 707）
vegetables

càidān
2. 菜单（二级词汇 47）
menu

Duō chī shūcài duì shēntǐ yǒu hǎochù.
多 吃 蔬菜 对 身体 有 好处。
Eating more vegetables is good for your health.

Zhè shì càidān，qǐng nín diǎncài.
这 是 菜单，请 您 点菜。
Here is the menu. Please take your order.

扩展学习 *Extended learning*

báicài
1. 白菜（三级词汇 10）
Chinese cabbage

càishìchǎng
2. 菜市场 （七—九级词汇 328）
food market

笔顺 *Stroke order*

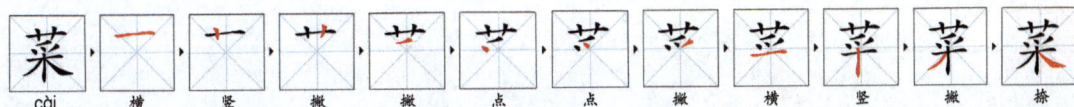

菜	一	十	艹	艹	艹	艹	苹	苹	苹	菜
cài	横	竖	撇	撇	点	点	撇	横	竖	撇	捺

练习 *Exercise*

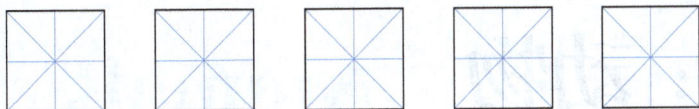

55

主题六：动物 **Animals**

yú

鱼

fish

（二级汉字 274）

字体演变 *The evolution of this Chinese character*

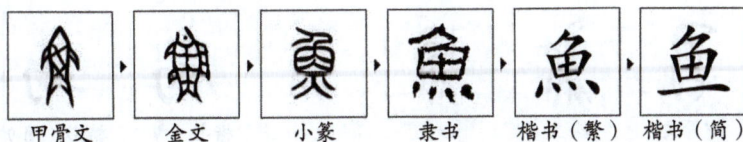

甲骨文	金文	小篆	隶书	楷书（繁）	楷书（简）

词汇 *Vocabulary*

1. yú
   鱼（二级词汇 689）
   fish

   Xīngqīrì wǒmen qù hǎibiān diàoyú.
   星期日 我们 去 海边 钓鱼。
   We went fishing at the seaside on Sunday.

2. shāyú
   鲨鱼（七—九级词汇 3534）
   shark

   Shāyú shì wēixiǎn de dòngwù.
   鲨鱼 是 危险 的 动物。
   Sharks are dangerous animals.

扩展学习 *Extended learning*

1. èyú
   鳄鱼（七—九级词汇 1001）
   crocodile

2. rúyúdéshuǐ
   如鱼得水
   be in one's element

笔顺 *Stroke order*

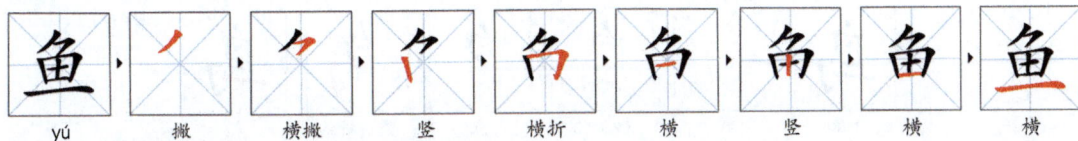

鱼	ノ	ク	ク	勹	鱼	鱼	鱼	鱼
yú	撇	横撇	竖	横折	横	竖	横	横

练习 *Exercise*

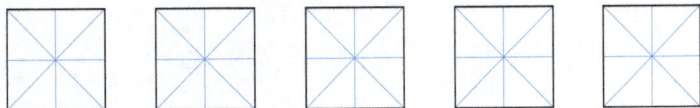

niǎo

鸟

bird

（二级汉字 149）

字体演变 *The evolution of this Chinese character*

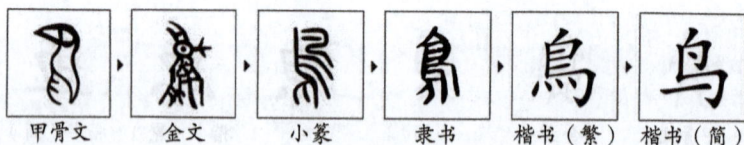

甲骨文	金文	小篆	隶书	楷书（繁）	楷书（简）

词汇 *Vocabulary*

niǎo
1. 鸟 （二级词汇 401）
bird

Yì zhī niǎo zài shùzhī shang jiàozhe.
一 只 鸟 在 树枝 上 叫着。
A bird is chirping on the branch.

niǎocháo
2. 鸟巢 （七—九级词汇 3011）
bird's nest

Shù shang de niǎocháo li yǒu yì wō xiǎo niǎo.
树 上 的 鸟巢 里 有 一 窝 小 鸟。
There is a nest of birds in the bird's nest on the tree.

扩展学习 *Extended learning*

niǎokàn
1. 鸟瞰
get a bird's-eye view

niǎoyǔ-huāxiāng
2. 鸟语花香
birds are singing and flowers are giving forth their fragrance—a fine spring day

笔顺 *Stroke order*

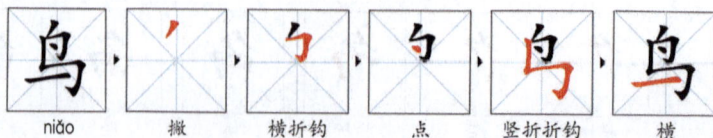

鸟	′	⺈	⺈	鸟	鸟
niǎo	撇	横折钩	点	竖折折钩	横

练习 *Exercise*

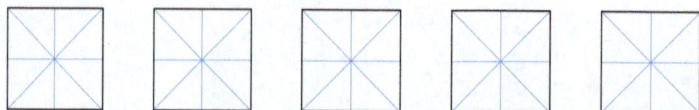

jī
鸡

chicken

（一级汉字 100）

字体演变 *The evolution of this Chinese character*

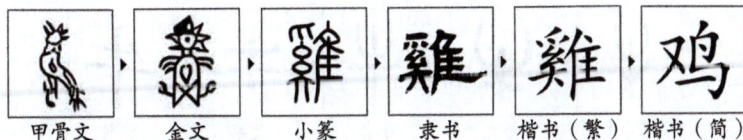

甲骨文	金文	小篆	隶书	楷书（繁）	楷书（简）

词汇 *Vocabulary*

jīdàn
1. 鸡蛋（一级词汇 164）
   egg

   Wǒ měi tiān zǎoshang chī yí gè jīdàn.
   我 每天 早上 吃一个 鸡蛋。
   I eat an egg every morning.

gōngjī
2. 公鸡（六级词汇 322）
   cock

   Nǎinai jiā yǎngle hěn duō dà gōngjī.
   奶奶 家 养了 很 多 大 公鸡。
   Grandma keeps a lot of cocks.

扩展学习 *Extended learning*

jīròu
1. 鸡肉
   chicken (as food)

hèlìjīqún
2. 鹤立鸡群（七—九级词汇 1641）
   be like a crane standing among chickens; stand head and shoulders above others

笔顺 *Stroke order*

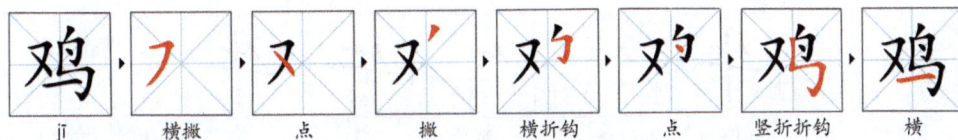

鸡	丁	又	刈	刈	刈	鸡	鸡
jī	横撇	点	撇	横折钩	点	竖折折钩	横

练习 *Exercise*

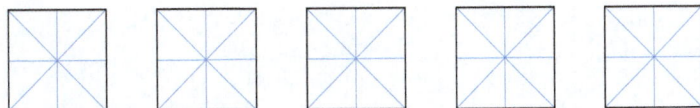

niú

牛

COW

（一级汉字 167）

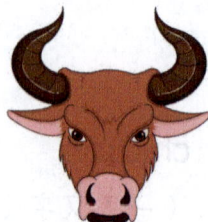

字体演变 *The evolution of this Chinese character*

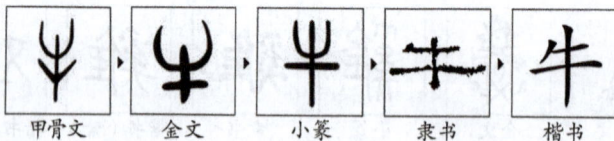

| 甲骨文 | 金文 | 小篆 | 隶书 | 楷书 |

词汇 *Vocabulary*

niúnǎi
1. 牛奶（一级词汇 275）
milk

Tā hěn xǐhuan hē niúnǎi.
他 很 喜欢 喝 牛奶。
He likes drinking milk.

niúpái
2. 牛排
steak

Jīntiān zài fàndiàn wǒmen diǎnle sì kuài niúpái.
今天 在 饭店 我们 点了 四块 牛排。
We ordered four steaks at the restaurant today.

扩展学习 *Extended learning*

niúzǎikù
1. 牛仔裤（五级词汇 531）
jeans

chuīniú
2. 吹牛 （七—九级词汇 602）
brag

笔顺 *Stroke order*

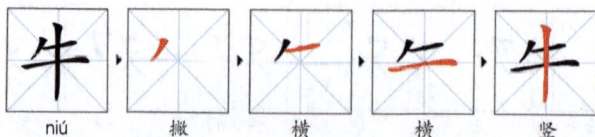

| niú | 撇 | 横 | 横 | 竖 |

练习 *Exercise*

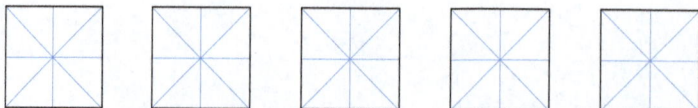

yáng
羊

sheep

（三级汉字 254）

字体演变 *The evolution of this Chinese character*

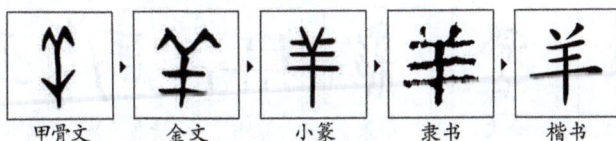

甲骨文　金文　小篆　隶书　楷书

词汇 *Vocabulary*

yángròu
1. 羊肉
mutton

Yángròu duōshao qián yì jīn?
羊肉 多少 钱一斤?
How much does the lamb cost?

yángmáo
2. 羊毛
wool

Tā sòng gěi māma yí jiàn yángmáo dàyī.
她 送 给 妈妈 一件 羊毛 大衣。
She gave her mother a woolen coat.

扩展学习 *Extended learning*

shānyáng
1. 山羊
goat

wángyáng-bǔláo
2. 亡羊补牢 （七—九级词汇 4263）
mend the fold after a sheep is lost—it's never too late to mend

笔顺 *Stroke order*

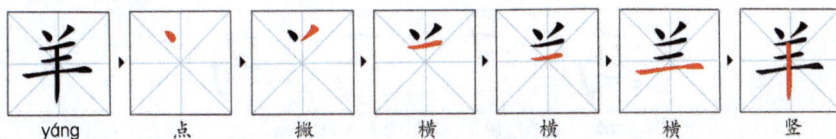

yáng　点　撇　横　横　横　竖

练习 *Exercise*

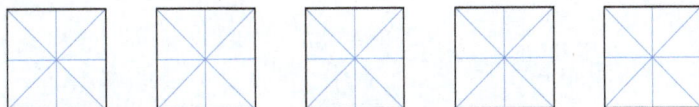

mǎ

马

horse

（一级汉字 139）

字体演变 *The evolution of this Chinese character*

甲骨文	金文	小篆	隶书	楷书（繁）	楷书（简）

词汇 *Vocabulary*

jùnmǎ
1. 骏马（七—九级词汇 2322）
steed

Tāmen qízhe jùnmǎ zài cǎoyuán shang bēnchí.
他们 骑着 骏马 在 草原 上 奔驰。
They rode their steeds galloping on the grassland.

mǎshàng
2. 马上 （一级词汇 226）
immediately

Xiàkè hòu， wǒ mǎshàng qù yīyuàn.
下课 后，我 马上 去 医院。
I'll go to hospital immediately after class.

扩展学习 *Extended learning*

mǎlù
1. 马路（一级词汇 225）
road

mǎxì
2. 马戏（七—九级词汇 2772）
circus

笔顺 *Stroke order*

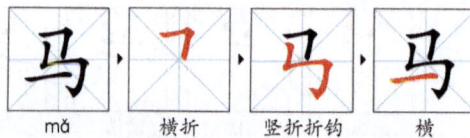

马	フ	马	马
mǎ	横折	竖折折钩	横

练习 *Exercise*

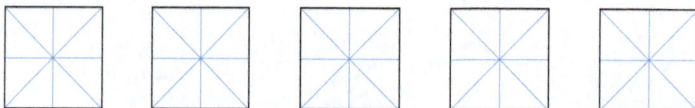

hǔ
虎
tiger
（五级汉字 90）

字体演变 *The evolution of this Chinese character*

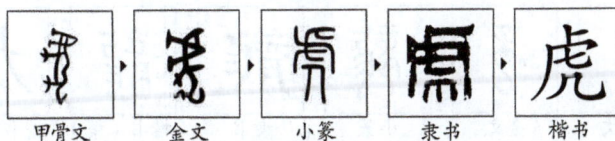

| 甲骨文 | 金文 | 小篆 | 隶书 | 楷书 |

词汇 *Vocabulary*

hǔ
1. 虎（五级词汇 328）
   tiger

Hǔ shì dòngwù zhī wáng.
虎是动物之王。
The tiger is the king of animals.

mǎhu
2. 马虎（七—九级词汇 2769）
   careless

Zuò shì yào rènzhēn, bú yào mǎhu.
做事要认真，不要马虎。
Be conscientious and don't be careless.

扩展学习 *Extended learning*

měng hǔ
1. 猛虎
   fierce tiger

hǔdǎn
2. 虎胆
   tiger's gall bladder; as brave as a tiger

笔顺 *Stroke order*

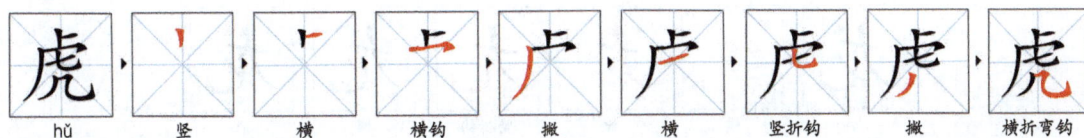

| 虎 | 丨 | ⺊ | ⺊ | 广 | 户 | 虍 | 虎 | 虎 |
| hǔ | 竖 | 横 | 横钩 | 撇 | 横 | 竖折钩 | 撇 | 横折弯钩 |

练习 *Exercise*

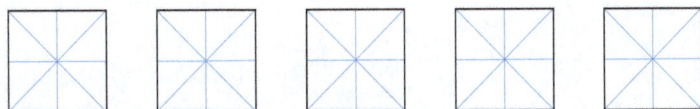

lóng

龙

loong

（三级汉字 133）

字体演变 *The evolution of this Chinese character*

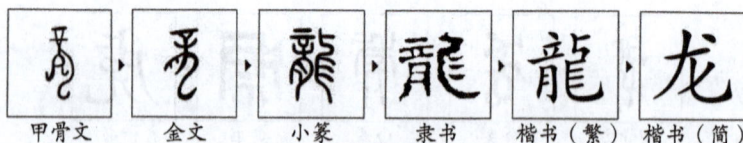

甲骨文	金文	小篆	隶书	楷书（繁）	楷书（简）

词汇 *Vocabulary*

lóng
1. 龙 （三级词汇 462）
loong

Zài gǔdài Zhōngguó, lóng shì quánlì de xiàngzhēng.
在 古代 中国 ， 龙 是 权力 的 象征 。
In ancient China, loong was a symbol of power.

shuǐlóngtóu
2. 水龙头 （七—九级词汇 3861）
tap

Yòng shuǐ hòu, qǐng guānbì shuǐlóngtóu.
用 水 后 ， 请 关闭 水龙头 。
Turn off the tap after using water.

扩展学习 *Extended learning*

huàlóng-diǎnjīng
1. 画龙点睛 （七—九级词汇 1733）
finishing touch

shālóng
2. 沙龙 （七—九级词汇 3529）
salon

笔顺 *Stroke order*

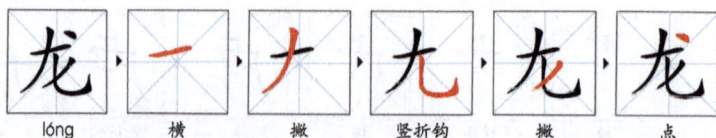

龙	一	ナ	九	尢	龙
lóng	横	撇	竖折钩	撇	点

练习 *Exercise*

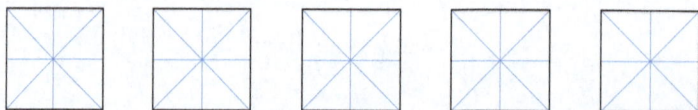

bèi

贝

shellfish

（四级汉字 12）

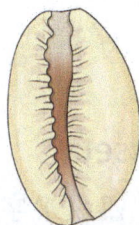

字体演变 *The evolution of this Chinese character*

甲骨文	金文	小篆	隶书	楷书（繁）	楷书（简）

词汇 *Vocabulary*

bèiké
1. 贝壳（七—九级词汇 132）
shell

Shātān shang yǒu hěn duō bèiké.
沙滩 上 有 很 多 贝壳。
There are many shells on the beach.

bǎobèi
2. 宝贝（四级词汇 25）
treasure

Zhège huāpíng shì yéye de bǎobèi.
这个 花瓶 是 爷爷的 宝贝。
This vase is my grandpa's treasure.

扩展学习 *Extended learning*

bèidiāo
1. 贝雕
shell carving

shànbèi
2. 扇贝
scallop

笔顺 *Stroke order*

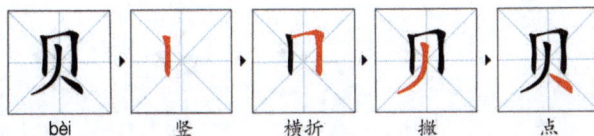

贝	丨	冂	贝	贝
bèi	竖	横折	撇	点

练习 *Exercise*

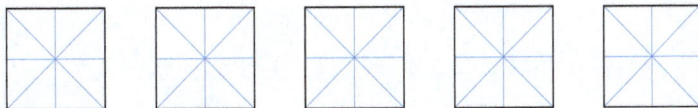

chóng

虫

insect

（四级汉字 35）

字体演变 *The evolution of this Chinese character*

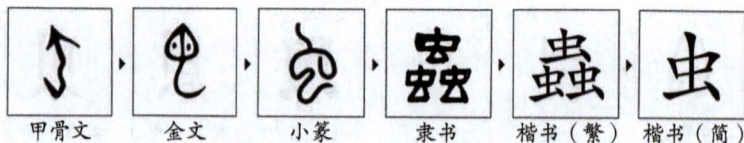

甲骨文　金文　小篆　隶书　楷书（繁）　楷书（简）

词汇 *Vocabulary*

kūnchóng
1. 昆虫 （七—九级词汇 2483）
insect

Mìfēng shì qínláo de xiǎo kūnchóng.
蜜蜂 是 勤劳 的 小 昆虫。
Bees are industrious small insects.

hàichóng
2. 害虫 （七—九级词汇 1559）
pest

Hàichóng huì sǔnhài zhíwù de shēngzhǎng.
害虫 会 损害 植物的 生长。
Pests can damage the growth of plants.

扩展学习 *Extended learning*

chóngzi
1. 虫子 （四级词汇 103）
insect; worm; bug

diāochóng-xiǎojì
2. 雕虫小技
insignificant skill

笔顺 *Stroke order*

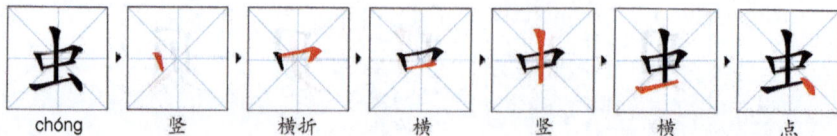

chóng　竖　横折　横　竖　横　点

练习 *Exercise*

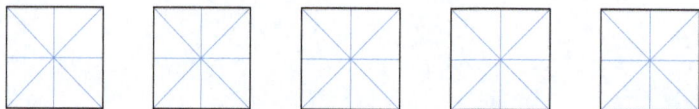

主题七：人物　**People**

rén

人 person
（一级汉字 184）

字体演变 *The evolution of this Chinese character*

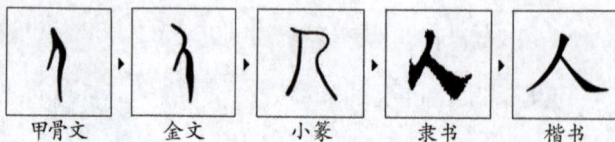

甲骨文 · 金文 · 小篆 · 隶书 · 楷书

词汇 *Vocabulary*

kèrén
1. 客人（二级词汇 325）
guest

Chūnjié qījiān, jiāli de kèrén hěn duō.
春节 期间，家里 的 客人 很 多。
During the Spring Festival, there are many guests at home.

rénlèi
2. 人类（三级词汇 589）
human

Jiàoshī shì rénlèi línghún de gōngchéngshī.
教师 是 人类 灵魂 的　工程师。
Teachers are the engineers of the human soul.

扩展学习 *Extended learning*

rénkǒu
1. 人口（二级词汇 462）
population

rénmínbì
2. 人民币（三级词汇 591）
Renminbi（RMB）

笔顺 *Stroke order*

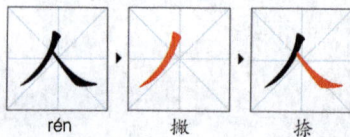

rén · 撇 · 捺

练习 *Exercise*

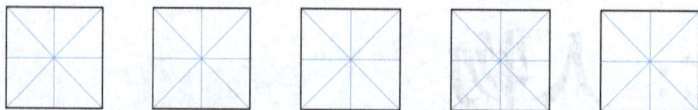

nán

男

male

（一级汉字 158）

字体演变 *The evolution of this Chinese character*

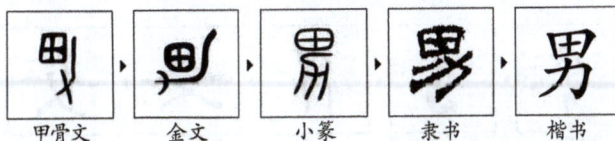

甲骨文	金文	小篆	隶书	楷书

词汇 *Vocabulary*

nánrén
1. 男人（一级词汇 264）
man

Nà ge nánrén hěn shuài.
那个男人很帅。
That man is very handsome.

nánshēng
2. 男生（一级词汇 265）
boy

Wǒmen bān yóu 10 wèi nánshēng hé 10 wèi nǚshēng
我们班由 10 位男生和 10 位女生
zǔchéng.
组成。
Our class is composed of 10 boy students and 10 girl students.

扩展学习 *Extended learning*

nánshì
1. 男士（四级词汇 533）
gentleman

nánpéngyou
2. 男朋友（一级词汇 263）
boyfriend

笔顺 *Stroke order*

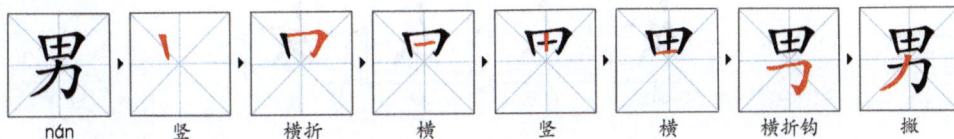

男	丨	口	曰	田	田	男	男
nán	竖	横折	横	竖	横	横折钩	撇

练习 *Exercise*

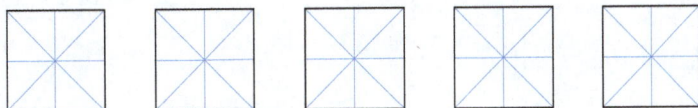

69

nǚ

女

female

（一级汉字 168）

字体演变 *The evolution of this Chinese character*

甲骨文	金文	小篆	隶书	楷书

词汇 *Vocabulary*

nǚháir
1. 女孩儿（一级词汇 278）
   girl

   Zhège nǚháir hěn piàoliang.
   这个 女孩儿 很 漂亮。
   This girl is very beautiful.

sūnnǚ
2. 孙女（四级词汇 690）
   granddaughter

   Tā yǒu yí gè sūnnǚ.
   他 有 一个 孙女。
   He has a granddaughter.

扩展学习 *Extended learning*

nǚshì
1. 女士（四级词汇 543）
   lady

měinǚ
2. 美女（四级词汇 508）
   beautiful woman; beauty

笔顺 *Stroke order*

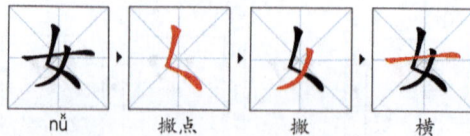

女	乚	乚	女
nǚ	撇点	撇	横

练习 *Exercise*

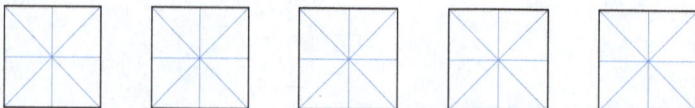

fū

夫

husband; man

（三级汉字 54）

字体演变 *The evolution of this Chinese character*

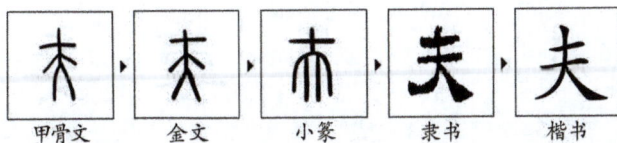

| 甲骨文 | 金文 | 小篆 | 隶书 | 楷书 |

词汇 *Vocabulary*

fūfù
1. 夫妇（四级词汇 250）
husband and wife; couple

Zhè duì fūfù qùnián shí yuè jǔxíngle hūnlǐ.
这 对 夫妇 去年 十 月 举行了 婚礼。
The couple got married last October.

fūrén
2. 夫人（四级词汇 252）
madam; lady

Qīn'ài de fūrén, jiàndào nín zhēn gāoxìng.
亲爱 的 夫人，见到 您 真 高兴。
Nice to meet you, my dear lady.

扩展学习 *Extended learning*

zhàngfu
1. 丈夫（四级词汇 933）
husband

xià gōngfu
2. 下 功夫（七—九级词汇 4454）
concentrate one's efforts

笔顺 *Stroke order*

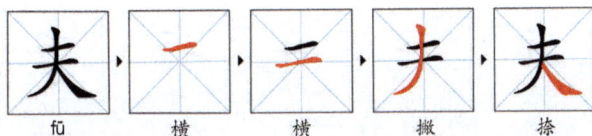

| 夫 | 一 | 二 | 夫 | 夫 |
| fū | 横 | 横 | 撇 | 捺 |

练习 *Exercise*

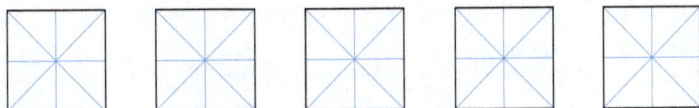

71

qī

妻

wife

（四级汉字 166）

字体演变 *The evolution of this Chinese character*

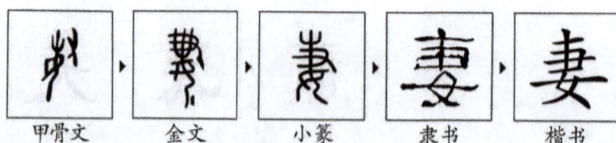

甲骨文	金文	小篆	隶书	楷书
妻	妻	妻	妻	妻

词汇 *Vocabulary*

qīzi
1. 妻子（四级词汇 565）
   wife

   Tā qīzi shēngle yí duì shuāngbāotāi.
   他妻子 生了 一 对 双 胞胎。
   His wife gave birth to twins.

qǔ qī
2. 娶妻
   take a wife

   Tā hái méi yǒu qǔ qī.
   他 还 没 有 娶妻。
   He has not married yet.

扩展学习 *Extended learning*

fūqī
1. 夫妻（四级词汇 251）
   husband and wife; couple

xiánqī-liángmǔ
2. 贤妻良母
   understanding wife and loving mother

笔顺 *Stroke order*

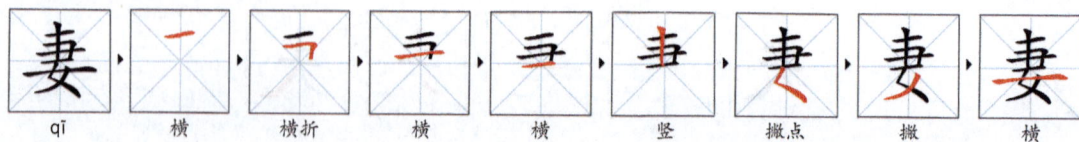

妻	一	𠃌	彐	彐	丰	妻	妻	妻
qī	横	横折	横	横	竖	撇点	撇	横

练习 *Exercise*

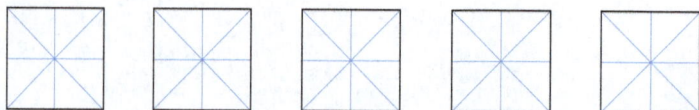

fù

父

father

（三级汉字 56）

字体演变 *The evolution of this Chinese character*

| 甲骨文 | 金文 | 小篆 | 隶书 | 楷书 |

词汇 *Vocabulary*

fùqīn
1. 父亲（三级词汇 206）
father

Zhè liǎng gè háizi de fùqīn shì gè lǜshī.
这 两 个 孩子 的 父亲 是 个 律师。
The father of these two children is a lawyer.

yuèfù
2. 岳父（七—九级词汇 5162）
father-in-law

Yuèfù shì qīzi de bàba.
岳父是妻子的爸爸。
The father-in-law is the father of one's wife.

扩展学习 *Extended learning*

fùmǔ
1. 父母（三级词汇 205）
father and mother

fùzǐ
2. 父子（六级词汇 286）
father and son

笔顺 *Stroke order*

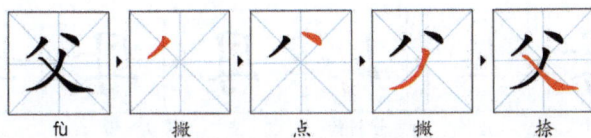

| 父 | 丶 | 八 | 少 | 父 |
| fù | 撇 | 点 | 撇 | 捺 |

练习 *Exercise*

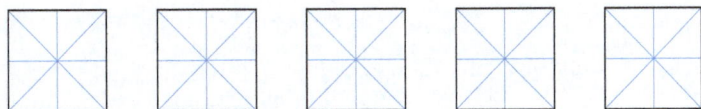

73

mǔ

母

mother

（三级汉字 146）

字体演变 *The evolution of this Chinese character*

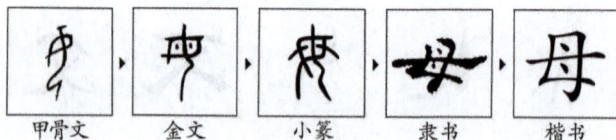

甲骨文	金文	小篆	隶书	楷书

词汇 *Vocabulary*

mǔqīn
1. 母亲（三级词汇 496）
   mother

   Tā hé tā de mǔqīn xiàng péngyou yíyàng.
   她和她的母亲像朋友一样。
   She and her mother are like friends.

mǔyǔ
2. 母语
   mother tongue

   Tā bùjǐn huì shuō zìjǐ de mǔyǔ, hái huì shuō Hànyǔ.
   他不仅会说自己的母语，还会说汉语。
   He can speak not only his native language, but also Chinese.

扩展学习 *Extended learning*

zìmǔ
1. 字母（四级词汇 989）
   letter

zǔmǔ
2. 祖母（六级词汇 1131）
   grandmother

笔顺 *Stroke order*

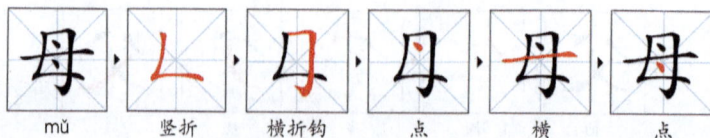

母	乚	乛	刁	母	母
mǔ	竖折	横折钩	点	横	点

练习 *Exercise*

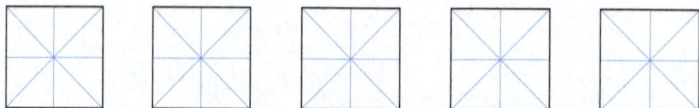

fù

妇

woman

（四级汉字 67）

字体演变 *The evolution of this Chinese character*

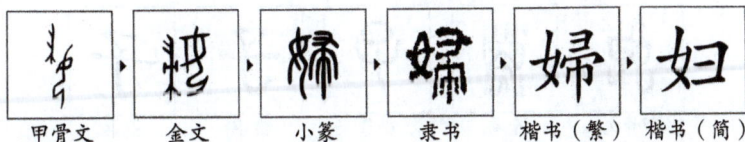

甲骨文	金文	小篆	隶书	楷书（繁）	楷书（简）

词汇 *Vocabulary*

fùnǚ

1. 妇女（六级词汇 288）
woman

Sān yuè bā rì shì Guójì Fùnǚ Jié.
三 月 八 日 是 国际 妇女节。
March 8th is the International Women's Day.

xífu

2. 媳妇（七—九级词汇 4429）
wife

Xiǎowáng qǔle yí gè yáng xífu.
小王 娶了 一 个 洋 媳妇。
Xiao Wang married a foreign girl.

扩展学习 *Extended learning*

yùnfù

1. 孕妇（七—九级词汇 5170）
pregnant woman

zhǔfù

2. 主妇（七—九级词汇 5452）
housewife

笔顺 *Stroke order*

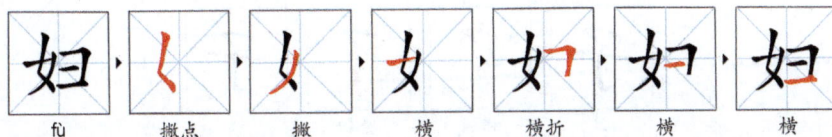

妇	乀	乂	女	奻	奻	妇
fù	撇点	撇	横	横折	横	横

练习 *Exercise*

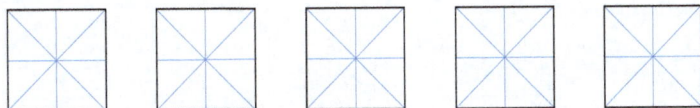

zǐ

子

son

（一级汉字 292）

字体演变 *The evolution of this Chinese character*

甲骨文	金文	小篆	隶书	楷书

词汇 *Vocabulary*

érzi
1. 儿子（一级词汇 97）
son

Tā hái yǒu yí gè érzi.
他还有一个儿子。
He also has a son.

háizi
2. 孩子（一级词汇 135）
child

Tā yǒu liǎng gè háizi : yí gè érzi hé yí gè nǚ'ér.
他有两个孩子：一个儿子和一个女儿。
He has two children, a son and a daughter.

扩展学习 *Extended learning*

zhǒngzi
1. 种子（三级词汇 932）
seed

zǐsūn
2. 子孙（七—九级词汇 5550）
descendants

笔顺 *Stroke order*

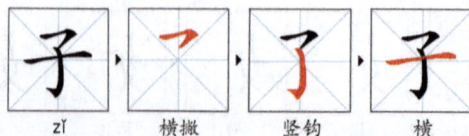

zǐ	横撇	竖钩	横

练习 *Exercise*

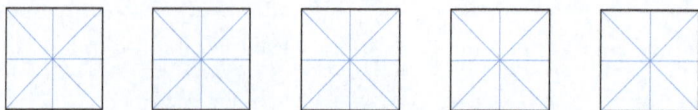

ér

儿 child

（一级汉字 56）

字体演变 *The evolution of this Chinese character*

甲骨文	金文	小篆	隶书	楷书（繁）	楷书（简）

词汇 *Vocabulary*

értóng
1. 儿童（四级词汇 214）
children

Értóng shì guójiā de xīwàng hé wèilái.
儿童 是 国家 的 希望 和 未来。
Children are the hope and future of the country.

yīng'ér
2. 婴儿（七—九级词汇 5010）
baby

Zhège xiǎo yīng'ér zhēn kě'ài.
这个 小 婴儿 真 可爱。
This little baby is so cute.

扩展学习 *Extended learning*

nǚ'ér
1. 女儿（一级词汇 277）
daughter

érnǚ
2. 儿女（五级词汇 221）
sons and daughters

笔顺 *Stroke order*

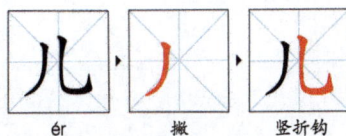

儿	丿	儿
ér	撇	竖折钩

练习 *Exercise*

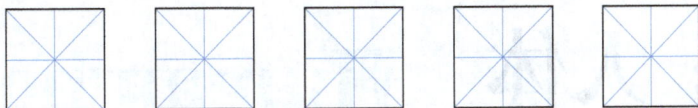

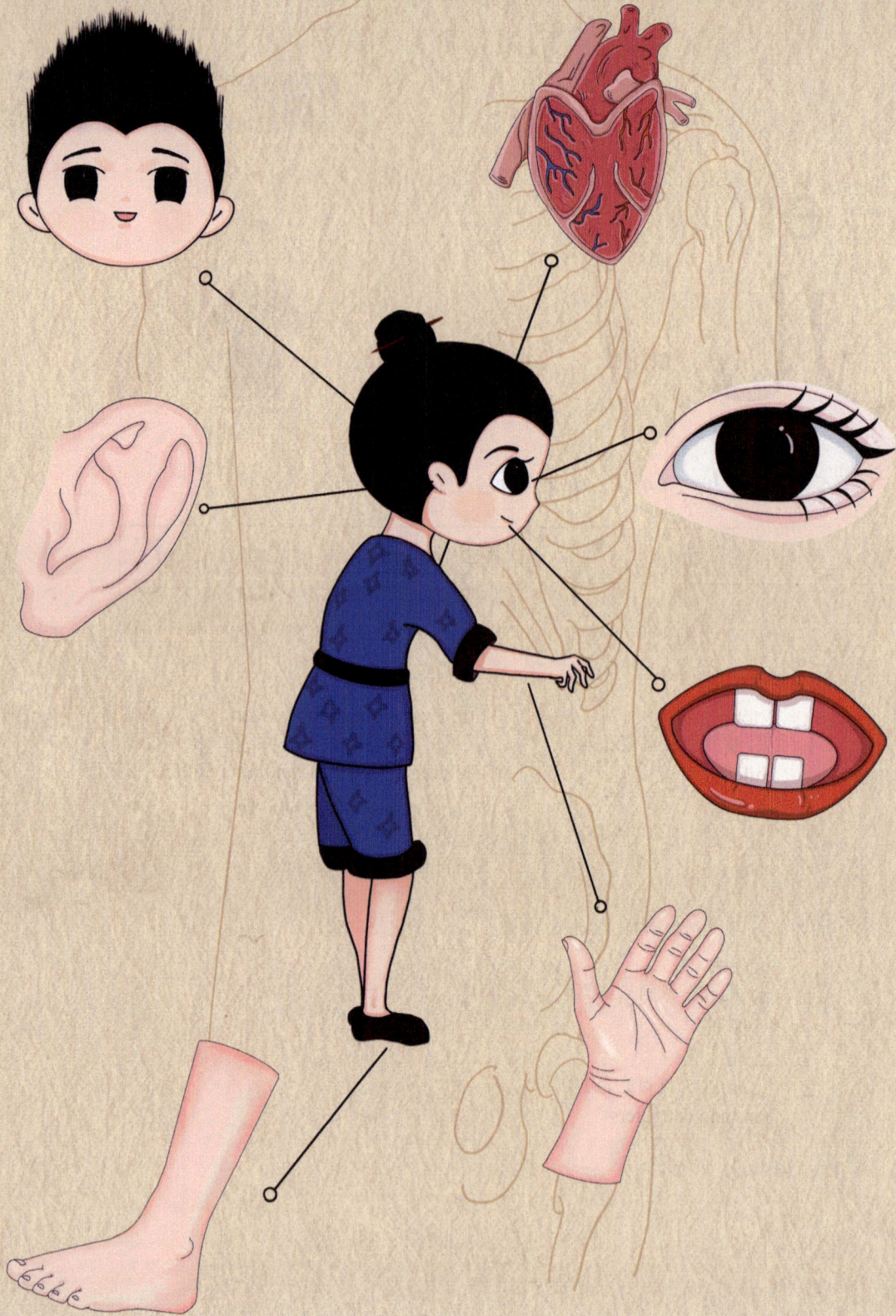

主题八：人体　**Human body**

yuán

元

chief; first; element

（一级汉字 272）

字体演变 *The evolution of this Chinese character*

| 甲骨文 | 金文 | 小篆 | 隶书 | 楷书 |

词汇 *Vocabulary*

yuánshǒu
1. 元首（七—九级词汇 5135）
head of state

Zhè wèi wàiguó yuánshǒu jiāng duì wǒguó jìnxíng guóshì fǎngwèn.
这 位 外国 元首 将 对 我国 进行 国事 访问。
The foreign head of state will pay a state visit to our country.

yuánsù
2. 元素（六级词汇 1003）
element

Tā de zuòpǐn chōngmǎnle Zhōngguó yuánsù.
他 的 作品 充满了 中国 元素。
His works are full of Chinese elements.

扩展学习 *Extended learning*

duōyuán
1. 多元 （七—九级词汇 982）
multivariate

Yuánxiāo Jié
2. 元宵 节（七—九级词汇 5136）
Lantern Festival

笔顺 *Stroke order*

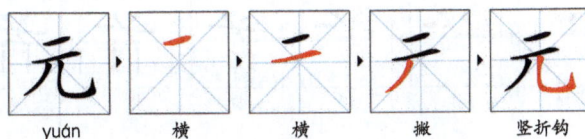

| 元 | 一 | 二 | 亍 | 元 |
| yuán | 横 | 横 | 撇 | 竖折钩 |

练习 *Exercise*

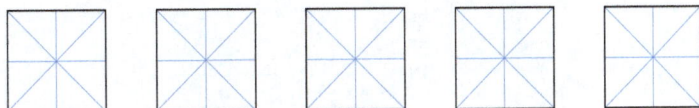

shǒu

首

head; first

（三级汉字 201）

字体演变 *The evolution of this Chinese character*

甲骨文　金文　小篆　隶书　楷书

词汇 *Vocabulary*

shǒudū
1. 首都 （三级词汇 673）
capital

Běijīng shì Zhōngguó de shǒudū.
北京 是 中国 的 首都。
Beijing is the capital of China.

shǒuxiān
2. 首先 （三级词汇 674）
first

Shǒuxiān nǐ xūyào shēnqǐng yí gè diànzǐ yóuxiāng.
首先 你 需要 申请 一个 电子 邮箱。
First, you need to apply for an e-mail address.

扩展学习 *Extended learning*

shǒuxí
1. 首席 （六级词汇 755）
chief

huíshǒu
2. 回首 （七—九级词汇 1796）
turn one's head; look back

笔顺 *Stroke order*

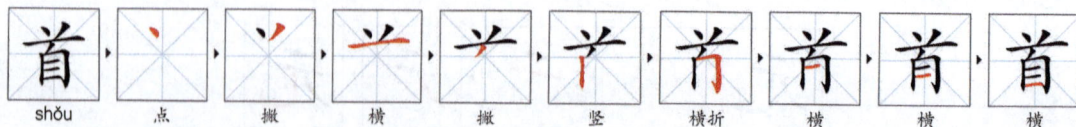

首　丶　丷　丷　䒑　产　首　首　首

shǒu　点　撇　横　撇　竖　横折　横　横　横

练习 *Exercise*

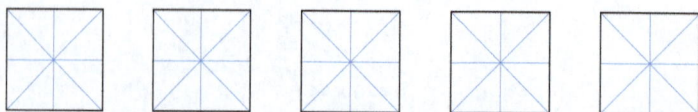

mù

目

eye

（二级汉字 148）

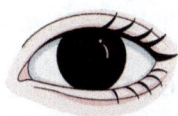

字体演变 *The evolution of this Chinese character*

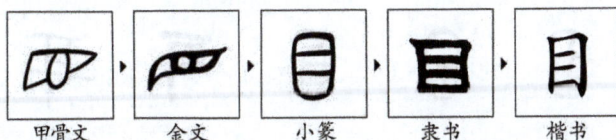

甲骨文	金文	小篆	隶书	楷书

词汇 *Vocabulary*

1. 目光 （五级词汇 517）
   mùguāng
   eye; gaze

   Wǒ fāxiàn dāng wǒmen de mùguāng xiāngyù shí,
   我 发现 当 我们 的 目光 相遇 时，
   wǒ àishangle tā.
   我 爱上了 她。
   I found I fell in love with her when our eyes met.

2. 目前 （三级词汇 499）
   mùqián
   at present

   Mùqián, tā zhèngzài Běijīng.
   目前，他 正在 北京。
   He is now in Beijing.

扩展学习 *Extended learning*

1. 目的 （二级词汇 384）
   mùdì
   purpose

2. 目录 （七—九级词汇 2940）
   mùlù
   table of contents

笔顺 *Stroke order*

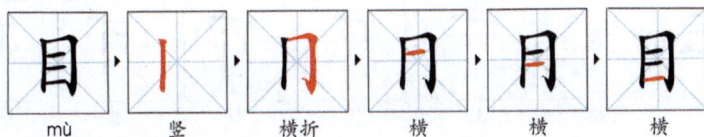

目	丨	冂	冃	月	目
mù	竖	横折	横	横	横

练习 *Exercise*

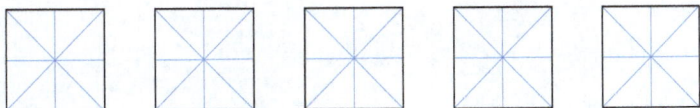

ěr

耳

ear

（四级汉字 59）

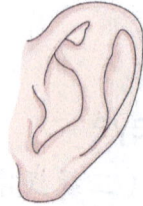

字体演变 *The evolution of this Chinese character*

| 甲骨文 | 金文 | 小篆 | 隶书 | 楷书 |

词汇 *Vocabulary*

ěrjī
1. 耳机（四级词汇 217）
earphone; headset

Wǒ mǎile zuì xīn kuǎn de lányá ěrjī.
我 买了 最新 款 的 蓝牙 耳机。
I bought the new arrival bluetooth earphones.

yuè'ěr
2. 悦耳（七—九级词汇 5165）
pleasing to the ear;
sweet-sounding

Zhè shǒu yuèqǔ tīng qǐlai hěn yuè'ěr.
这 首 乐曲 听 起来 很 悦耳。
This piece of music sounds very pleasing to the ear.

扩展学习 *Extended learning*

ěrmù-yìxīn
1. 耳目一新（七—九级词汇 1008）
find everything fresh and new

ěrwén-mùdǔ
2. 耳闻目睹（七—九级词汇 1010）
what one sees and hears

笔顺 *Stroke order*

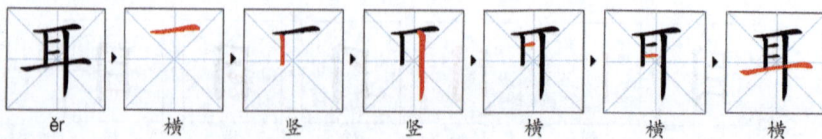

| 耳 | 一 | 厂 | 丆 | 丬 | 丅 | 耳 |
| ěr | 横 | 竖 | 竖 | 横 | 横 | 横 |

练习 *Exercise*

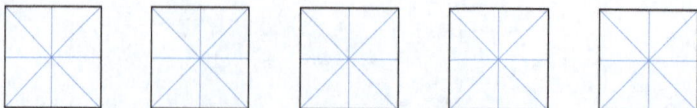

kǒu

口

mouth
（一级汉字 124）

字体演变 *The evolution of this Chinese character*

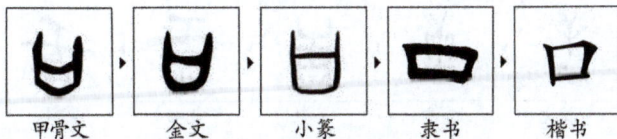

甲骨文	金文	小篆	隶书	楷书

词汇 *Vocabulary*

kǒuwèi
1. 口味（七一九级词汇 2433）
   taste; flavor

Zhè dào cài zuì hé wǒ de kǒuwèi.
这道菜最合我的口味。
This dish is to my taste.

kǒuyīn
2. 口音（七一九级词汇 2435）
   accent

Tā lüèwēi dài xiē nánfāng kǒuyīn.
他略微带些南方口音。
He has a slight southern accent.

扩展学习 *Extended learning*

rùkǒu
1. 入口（二级词汇 469）
   entrance

gǎngkǒu
2. 港口（六级词汇 305）
   port

笔顺 *Stroke order*

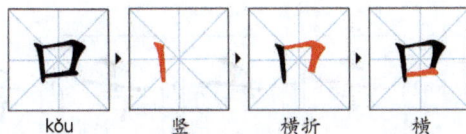

kǒu	竖	横折	横

练习 *Exercise*

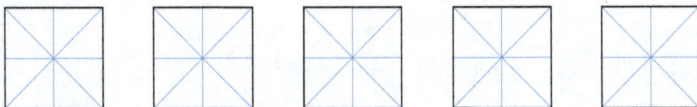

shé

舌

tongue

（六级汉字 195）

字体演变 *The evolution of this Chinese character*

甲骨文	金文	小篆	隶书	楷书

词汇 *Vocabulary*

shétou
1. 舌头（六级词汇 720）
tongue

Tā xiàng wǒ tǔ le tǔ shétou.
他 向 我 吐 了 吐 舌头。
He stuck his tongue out at me.

shéjiān
2. 舌尖
tip of tongue

《Shéjiān shang de Zhōngguó》 shì yí bù yǒuguān
《舌尖 上 的 中国》是 一 部 有关
shíwù hé wénhuà de jìlùpiàn.
食物 和 文化 的 纪录片。
A Bite of China is a documentary about food and culture.

扩展学习 *Extended learning*

kǒushé
1. 口舌
quarrel caused by what one says

qīzuǐ-bāshé
2. 七嘴八舌（七—九级词汇 3178）
with many people speaking all at once

笔顺 *Stroke order*

舌	丿	二	千	千	舌	舌
shé	撇	横	竖	竖	横折	横

练习 *Exercise*

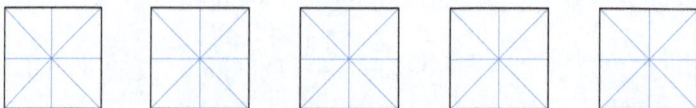

chǐ

齿

tooth

（七—九级汉字 115）

字体演变 *The evolution of this Chinese character*

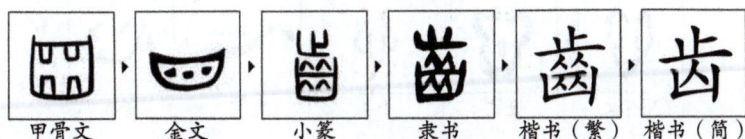

甲骨文	金文	小篆	隶书	楷书（繁）	楷书（简）

词汇 *Vocabulary*

yáchǐ
1. 牙齿（七—九级词汇 4758）
tooth

Tā dòngde yáchǐ gēgē xiǎng.
他 冻得 牙齿咯咯 响。
He was so cold that his teeth chattered.

yǎoyá-qièchǐ
2. 咬牙切齿
gnash the teeth (out of indignation)

Tīngdào zhège xiāoxī, tā qìde yǎoyá-qièchǐ.
听到 这个 消息，她 气得 咬牙切齿。
She gnashed her teeth in anger at the news.

扩展学习 *Extended learning*

jùchǐ
1. 锯齿
serration

chǐlún
2. 齿轮
gear

笔顺 *Stroke order*

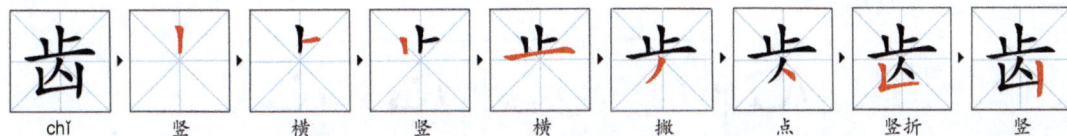

齿	丨	丨	丄	止	屵	尖	齿	齿
chǐ	竖	横	竖	横	撇	点	竖折	竖

练习 *Exercise*

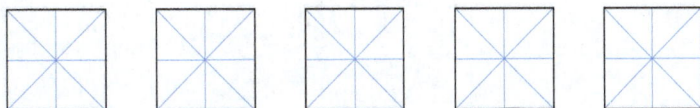

xīn

心 heart

（二级汉字 239）

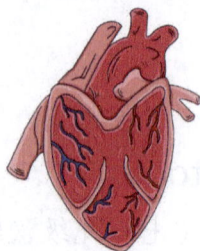

字体演变 *The evolution of this Chinese character*

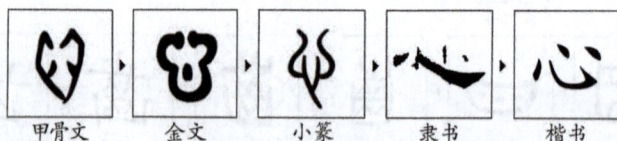

| 甲骨文 | 金文 | 小篆 | 隶书 | 楷书 |

词汇 *Vocabulary*

xīnqíng
1. 心情 （二级词汇 614）
mood; state of mind

Yīnwèi zhǎodàole gōngzuò, suǒyǐ tā xīnqíng hǎojí
因为 找到了 工作，所以 他 心情 好极
le.
了。
He was in a good mood because he got a job.

xìnxīn
2. 信心 （二级词汇 620）
confidence

Wǒ duì tā yǒu xìnxīn.
我 对他 有 信心。
I have confidence in him.

扩展学习 *Extended learning*

àixīn
1. 爱心 （三级词汇 1）
love

dānxīn
2. 担心 （四级词汇 160）
worry

笔顺 *Stroke order*

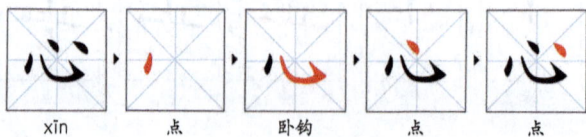

| 心 | 心 | 心 | 心 | 心 |
| xīn | 点 | 卧钩 | 点 | 点 |

练习 *Exercise*

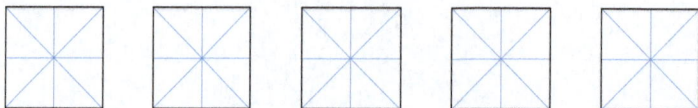

shǒu

手

hand

（一级汉字 205）

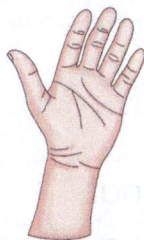

字体演变 *The evolution of this Chinese character*

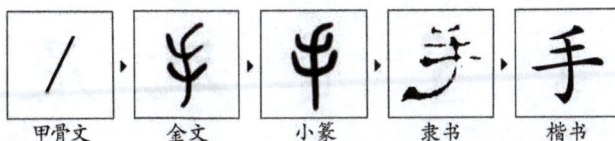

甲骨文	金文	小篆	隶书	楷书

词汇 *Vocabulary*

shǒubiǎo
1. 手表 （二级词汇 497）
watch; wrist watch

Tā mǎi zhè kuài shǒubiǎo huāle 1000 yuán.
她买这块手表花了1000元。
She spent 1,000 *yuan* on the watch.

wòshǒu
2. 握手 （三级词汇 765）
shake hands

Tā hé wǒmen rèqíng de wòshǒu.
他和我们热情地握手。
He shook hands warmly with us.

扩展学习 *Extended learning*

xuǎnshǒu
1. 选手 （三级词汇 819）
competitor; player

shǒutào
2. 手套 （四级词汇 658）
gloves

笔顺 *Stroke order*

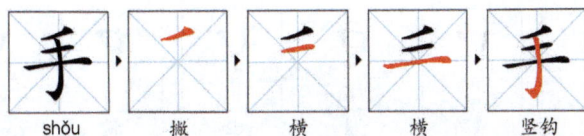

手	一	二	三	手
shǒu	撇	横	横	竖钩

练习 *Exercise*

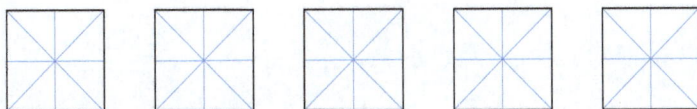

zú

足

foot

（三级汉字 299）

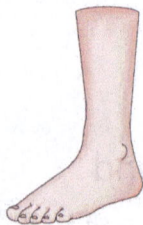

字体演变 *The evolution of this Chinese character*

甲骨文　　金文　　小篆　　隶书　　楷书

词汇 *Vocabulary*

zúqiú
1. 足球（三级词汇 968）
football

Wǒ de àihào shì tī zúqiú.
我 的 爱好 是 踢 足球。
My hobby is playing football.

fùzú
2. 富足（七—九级词汇 1229）
affluent

Zhège dìfang de rénmín shēnghuó fùzú.
这个 地方 的 人民　生活　富足。
The people of this place live an affluent life.

扩展学习 *Extended learning*

chōngzú
1. 充足 （五级词汇 118）
adequate

huàshé-tiānzú
2. 画蛇添足 （七—九级词汇 1734）
draw a snake and add feet to it—ruin the effect by adding sth. superfluous

笔顺 *Stroke order*

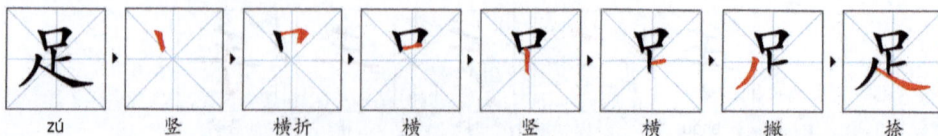

足　　zú　　竖　　横折　　横　　竖　　横　　撇　　捺

练习 *Exercise*

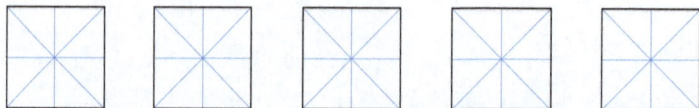

主题九：民俗　**Folk customs**

fú

福

happiness; good luck

（三级汉字 55）

字体演变 *The evolution of this Chinese character*

酉	畐	福	福	福
甲骨文	金文	小篆	隶书	楷书

词汇 *Vocabulary*

1. xìngfú
   幸福（三级词汇 808）
   happiness

   Tā yǒu yí gè xìngfú de jiātíng.
   她 有 一 个 幸福 的 家庭。
   She has a happy family.

2. fúqi
   福气（七—九级词汇 1193）
   good fortune

   Tā zhēn shì yí gè yǒu fúqi de rén.
   他 真 是 一 个 有 福气 的 人。
   He is such a fortunate man.

扩展学习 *Extended learning*

1. fúlì
   福利（五级词汇 253）
   welfare

2. zàofú
   造福（七—九级词汇 5209）
   bring benefit to

笔顺 *Stroke order*

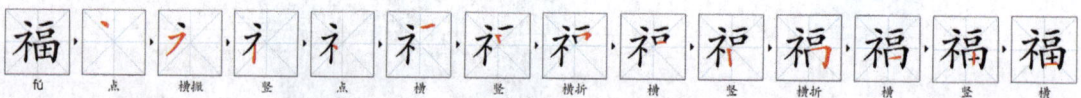

福	丶	二	礻	礻	礻	礻	礻	礻	礻	福	福	福
fú	点	横撇	竖	点	横	竖	横折	横	竖	横折	横	竖	横

练习 *Exercise*

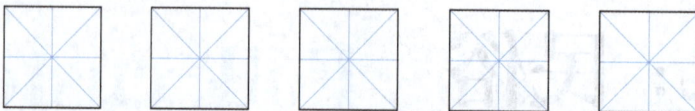

zhù

祝

offer good wishes; wish

（三级汉字 291）

字体演变 *The evolution of this Chinese character*

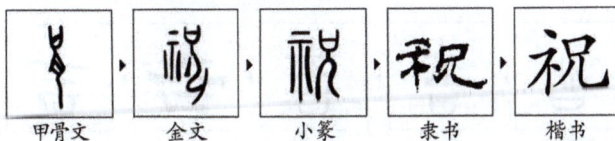

甲骨文	金文	小篆	隶书	楷书

词汇 *Vocabulary*

zhùfú
1. 祝福（四级词汇 971）
bless; wish sb. well

Zhùfú nín quánjiā xīnnián kuàilè.
祝福 您 全家 新年 快乐。
Wishing you and your family a very happy new year.

zhùhè
2. 祝贺（五级词汇 1044）
congratulate

Zhùhè nǐ huòdéle dì-yī míng.
祝贺 你 获得了 第一 名。
Congratulations on winning the first place.

扩展学习 *Extended learning*

zhùyuàn
1. 祝愿（六级词汇 1101）
wish

zhùcí
2. 祝词
congratulatory speech

笔顺 *Stroke order*

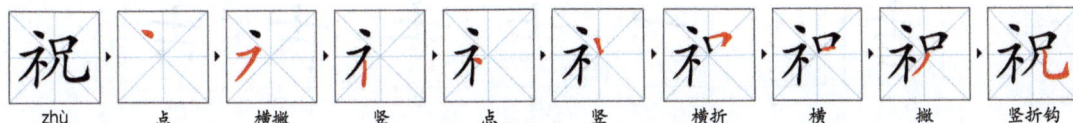

祝	丶	⁊	礻	礻	礻	祀	祀	祀	祝
zhù	点	横撇	竖	点	竖	横折	横	撇	竖折钩

练习 *Exercise*

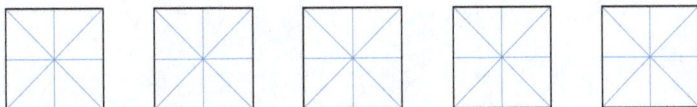

91

jí
吉

lucky; auspicious
（六级汉字 101）

字体演变 *The evolution of this Chinese character*

甲骨文	金文	小篆	隶书	楷书

词汇 *Vocabulary*

jílì
1. 吉利（六级词汇 410）
lucky

Zài Zhōngguó, bā shì yí gè jílì de shùzì.
在 中国 ，八 是 一 个 吉利 的 数字。
Eight is a lucky number in China.

jíxiáng
2. 吉祥（六级词汇 411）
auspicious

Zài Zhōngguó, lóng shì quánlì yǔ jíxiáng de xiàngzhēng.
在 中国， 龙 是 权力 与 吉祥 的 象征。
In China, loong is considered the symbol of power and auspiciousness.

扩展学习 *Extended learning*

jípǔ
1. 吉普（七—九级词汇 1876）
jeep

jítā
2. 吉他（七—九级词汇 1877）
guitar

笔顺 *Stroke order*

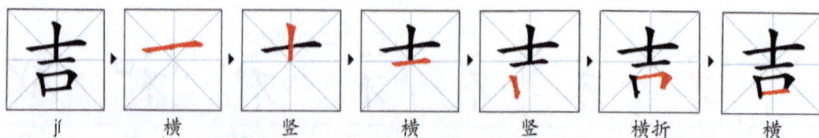

吉	一	十	士	吉	吉	吉
jí	横	竖	横	竖	横折	横

练习 *Exercise*

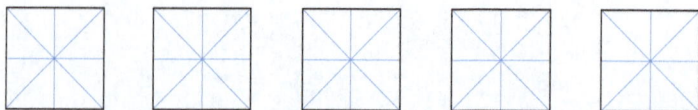

xiáng

祥

auspicious

（六级汉字 234）

字体演变 *The evolution of this Chinese character*

| 甲骨文 | 金文 | 小篆 | 隶书 | 楷书 |

词汇 *Vocabulary*

xiánghé
1. 祥和（七—九级词汇 4536）
auspicious and peaceful

Zhù dàjiā dùguò yí gè huānlè xiánghé de xīnnián!
祝 大家 度过 一 个 欢乐 祥和 的 新年！
I wish you all a happy and peaceful new year.

xiángyún
2. 祥云
auspicious cloud

Běijīng Àoyùnhuì de huǒjù shang diāokèzhe xiángyún
北京 奥运会 的 火炬 上 雕刻着 祥云
tú'àn.
图案。
Auspicious clouds are carved on the torch of the Beijing Olympic Games.

扩展学习 *Extended learning*

jíxiángwù
1. 吉祥物（七—九级词汇 1878）
mascot

cíxiáng
2. 慈祥
kindly (usually used to refer to the elderly)

笔顺 *Stroke order*

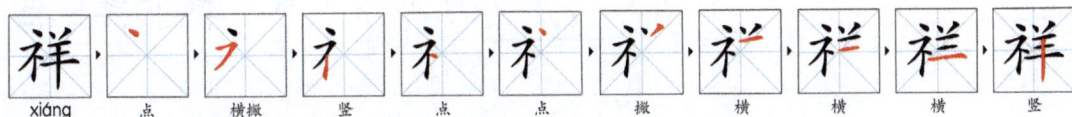

| 祥 | 丶 | 丶 | 礻 | 礻 | 礻 | 祥 | 祥 | 祥 | 祥 |
| xiáng | 点 | 横撇 | 竖 | 点 | 点 | 撇 | 横 | 横 | 横 | 竖 |

练习 *Exercise*

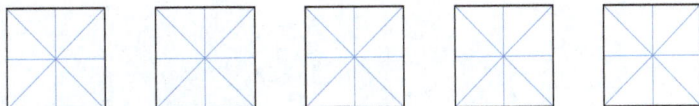

xǐ

喜

happy; delighted

（一级汉字 239）

字体演变 *The evolution of this Chinese character*

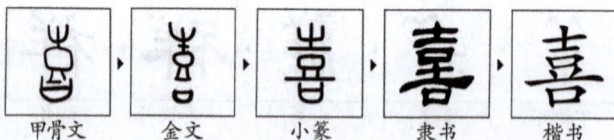

甲骨文	金文	小篆	隶书	楷书

词汇 *Vocabulary*

xǐhuan
1. 喜欢（一级词汇 388）
like

Nǐ xǐhuan chá háishi kāfēi?
你 喜欢 茶 还是 咖啡?
Do you prefer tea or coffee?

xǐyuè
2. 喜悦（七—九级词汇 4440）
joyous

Zhège xiāoxi shǐ wǒ gǎndào yí zhèn xǐyuè.
这个 消息 使我 感到 一 阵 喜悦。
The news brought me a burst of joy.

扩展学习 *Extended learning*

jīngxǐ
1. 惊喜（六级词汇 463）
pleasant surprise

xǐshì
2. 喜事（七—九级词汇 4437）
happy event; wedding

笔顺 *Stroke order*

喜	一	十	士	吉	吉	吉	吉	吉	壴	壴	喜	喜
xǐ	横	竖	横	竖	横折	横	点	撇	横	竖	横折	横

练习 *Exercise*

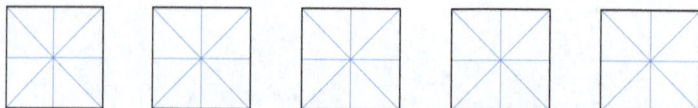

94

qìng

庆

celebrate

（三级汉字 174）

字体演变 *The evolution of this Chinese character*

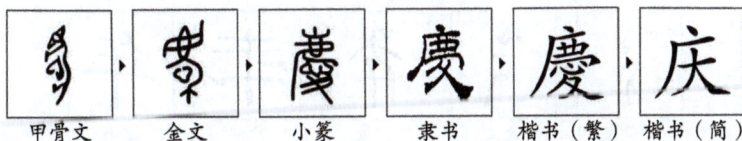

夛	燮	廮	慶	慶	庆
甲骨文	金文	小篆	隶书	楷书（繁）	楷书（简）

词汇 *Vocabulary*

qìngzhù
1. 庆祝 （三级词汇 568）
celebrate

Chūnjié qījiān, quánguó gèdì huì jǔbàn gèzhǒng qìngzhù huódòng.

春节 期间, 全国 各地 会 举办 各种 庆祝 活动。

During the Spring Festival, various celebrations are hold all over the country.

guóqìng
2. 国庆 （三级词汇 275）
National Day

Shí yuè yī hào, rénmen zàigē-zàiwǔ qìngzhù guóqìng.

十 月 一 号, 人们 载歌载舞 庆祝 国庆。

People sang and danced to celebrate the National Day on October 1st.

扩展学习 *Extended learning*

qìngdiǎn
1. 庆典 （七—九级词汇 3358）
celebration

xǐqìng
2. 喜庆 （七—九级词汇 4436）
jubilant

笔顺 *Stroke order*

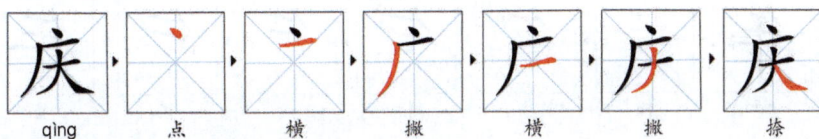

庆	丶	二	广	广	庐	庆
qìng	点	横	撇	横	撇	捺

练习 *Exercise*

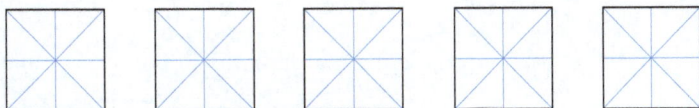

95

nián

年

year

（一级汉字 165）

字体演变 *The evolution of this Chinese character*

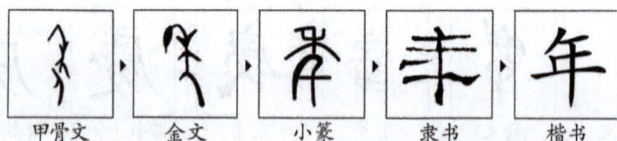

| 甲骨文 | 金文 | 小篆 | 隶书 | 楷书 |

词汇 *Vocabulary*

qùnián
1. 去年（一级词汇 303）
last year

Qùnián wǒ láidào Zhōngguó liúxué.
去年 我 来到 中国 留学。
Last year I came to China to study.

bàinián
2. 拜年（七—九级词汇 60）
pay a New Year call

Bàinián shì Zhōngguó mínjiān de chuántǒng xísú.
拜年 是 中国 民间 的 传统 习俗。
Paying New Year's greetings is a traditional folk custom in China.

扩展学习 *Extended learning*

zhōunián
1. 周年 （二级词汇 744）
anniversary

niánlíng
2. 年龄 （五级词汇 528）
age

笔顺 *Stroke order*

| 年 | 丿 | 一 | 𠂉 | 𠂉 | 𠂉 | 年 |
| nián | 撇 | 横 | 横 | 竖 | 横 | 竖 |

练习 *Exercise*

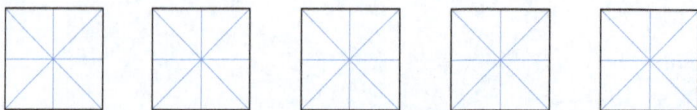

hūn

婚

marry

（三级汉字 81）

字体演变 *The evolution of this Chinese character*

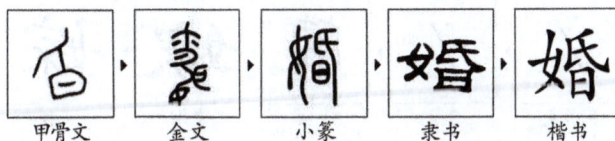

甲骨文	金文	小篆	隶书	楷书

词汇 *Vocabulary*

jiéhūn
1. 结婚（三级词汇 364）
marry

Tā yí bìyè jiù jiéhūn le.
他一毕业就结婚了。
He got married as soon as he graduated.

hūnlǐ
2. 婚礼（四级词汇 339）
wedding

Shénme shíhou jǔxíng hūnlǐ?
什么时候举行婚礼？
When will the wedding be held?

扩展学习 *Extended learning*

líhūn
1. 离婚（三级词汇 437）
divorce

hūnyīn
2. 婚姻（七—九级词汇 1815）
marriage

笔顺 *Stroke order*

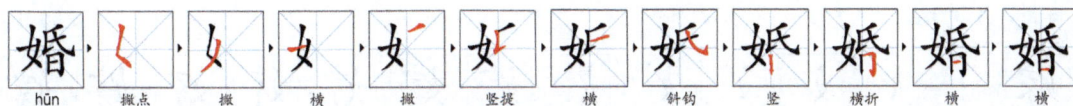

婚	撇点	撇	横	撇	竖提	横	斜钩	竖	横折	横	横
hūn											

练习 *Exercise*

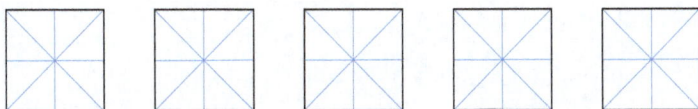

jià

嫁

(of a woman) marry

（七—九级汉字 380）

字体演变 *The evolution of this Chinese character*

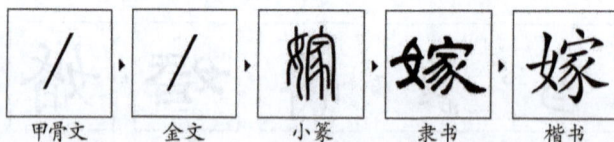

甲骨文	金文	小篆	隶书	楷书

词汇 *Vocabulary*

jià
1. 嫁（七—九级词汇 1958）
(of a woman) marry

Huángdì nǚ'ér bù chóu jià.
皇帝 女儿 不 愁 嫁。
An emperor's daughter does not worry about finding a husband.

jiàzhuang
2. 嫁妆（七—九级词汇 1959）
dowry

Chuántǒng xísú zhōng kuàizi shì xīnniáng de jiàzhuang
传统 习俗 中 筷子是 新娘 的 嫁妆
zhīyī.
之一。
Chopsticks are one of the bride's dowries in traditional custom.

扩展学习 *Extended learning*

chūjià
1. 出嫁
(of a woman) get married

jiàjiē
2. 嫁接
graft

笔顺 *Stroke order*

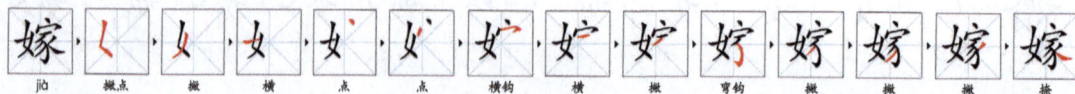

嫁	乀	乆	女	女	女	妇	妒	妒	娇	嫁	嫁	嫁
jià	撇点	撇	横	点	点	横钩	横	撇	弯钩	撇	撇	捺

练习 *Exercise*

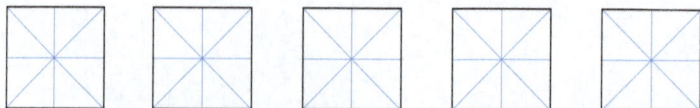

qǔ

娶

(of a man) marry

（七—九级汉字 739）

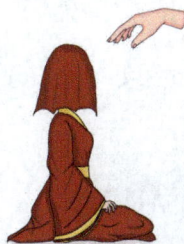

字体演变 *The evolution of this Chinese character*

甲骨文	金文	小篆	隶书	楷书

词汇 *Vocabulary*

1. qǔ
   娶（七—九级词汇 3384）
   (of a man) marry

   Tā xiǎng qǔ nàge nǚrén wéi qī.
   他 想 娶 那个 女人 为 妻。
   He wants to marry that woman.

2. yíngqǔ
   迎娶
   marry (a woman)

   Qīngchén xīnláng zhǔnbèi chūfā yíngqǔ xīnniáng.
   清晨 新郎 准备 出发 迎娶 新娘。
   Early in the morning, the groom prepared to set off to marry the bride.

扩展学习 *Extended learning*

1. jiàqǔ
   嫁娶
   marry

2. míngméi-zhèngqǔ
   明媒 正娶
   marry at a formal ceremony through the arrangement of a matchmaker—be legitimately and properly married

笔顺 *Stroke order*

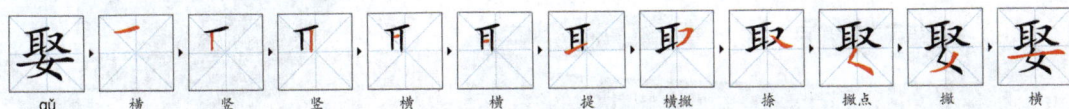

娶	一	丁	丌	丌	耳	耳	取	取	聚	娶	娶
qǔ	横	竖	竖	横	横	提	横撇	捺	撇点	撇	横

练习 *Exercise*

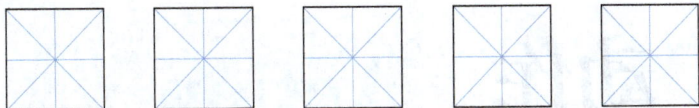

主题十：动作　**Action**

kàn

看

look; see; watch; read

（一级汉字 119）

字体演变 *The evolution of this Chinese character*

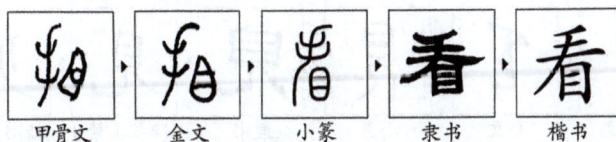

| 甲骨文 | 金文 | 小篆 | 隶书 | 楷书 |

词汇 *Vocabulary*

kànjiàn
1. 看见 （一级词汇 195）
   see

   Wǒ zài shūdiàn kànjiàn Lǐ xiānsheng le.
   我 在 书店 看见 李 先生 了。
   I saw Mr. Li in the bookshop.

kànfǎ
2. 看法 （二级词汇 313）
   view

   Dàjiā duì zhège wèntí de kànfǎ shì yízhì de.
   大家 对 这个 问题 的 看法 是 一致 的。
   Everybody has the same view on this issue.

扩展学习 *Extended learning*

kànlái
1. 看来 （四级词汇 434）
   it seems / appears

kàndài
2. 看待 （五级词汇 430）
   treat; regard

笔顺 *Stroke order*

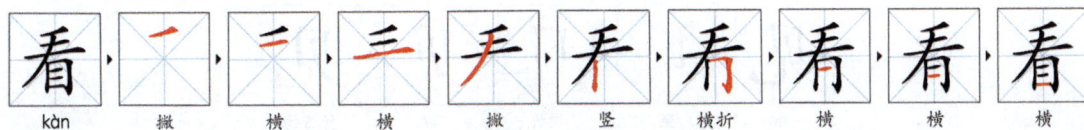

| 看 | 一 | 三 | 三 | 夭 | 禾 | 禾 | 看 | 看 | 看 |
| kàn | 撇 | 横 | 横 | 撇 | 竖 | 横折 | 横 | 横 | 横 |

练习 *Exercise*

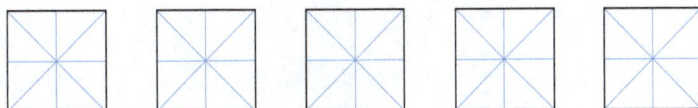

jiàn

见

see; meet

（一级汉字 106）

字体演变 *The evolution of this Chinese character*

| 甲骨文 | 金文 | 小篆 | 隶书 | 楷书（繁） | 楷书（简） |

词汇 *Vocabulary*

jiànmiàn
1. 见面（一级词汇 174）
meet

Jīntiān xiàwǔ tā yào gēn péngyou jiànmiàn.
今天下午他要跟朋友见面。
He will meet his friend this afternoon.

zàijiàn
2. 再见（一级词汇 454）
goodbye; see you again

Wǒ xiǎng gēn tā shuō shēng zàijiàn.
我想跟他说声再见。
I want to say goodbye to him.

扩展学习 *Extended learning*

yìjiàn
1. 意见（二级词汇 665）
idea; suggestion

huìjiàn
2. 会见（六级词汇 396）
meet (with)

笔顺 *Stroke order*

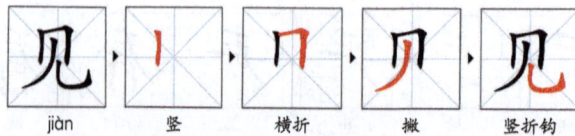

见	丨	冂	刂	见
jiàn	竖	横折	撇	竖折钩

练习 *Exercise*

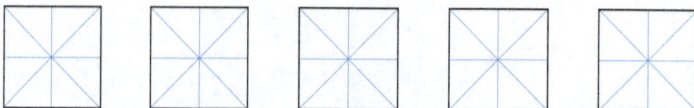

wàng

望

look over

（三级汉字 220）

字体演变 *The evolution of this Chinese character*

甲骨文	金文	小篆	隶书	楷书

词汇 *Vocabulary*

kànwàng

1. 看望 （四级词汇 435）
   visit

   Wǒ yào qù yīyuàn kànwàng wǒ de péngyou.
   我 要 去 医院 看望 我 的 朋友。
   I am going to the hospital to visit my friend.

xīwàng

2. 希望 （三级词汇 771）
   hope; wish

   Háizi shì guójiā de xīwàng hé wèilái.
   孩子 是 国家 的 希望 和 未来。
   Children are the hope and future of the country.

扩展学习 *Extended learning*

yuànwàng

1. 愿望 （三级词汇 871）
   wish; aspiration

wàngyuǎnjìng

2. 望远镜 （七—九级词汇 4279）
   telescope

笔顺 *Stroke order*

望	丶	二	亠	亍	切	切	胡	胡	望	望	望
wàng	点	横	竖提	撇	横折钩	横	横	横	横	竖	横

练习 *Exercise*

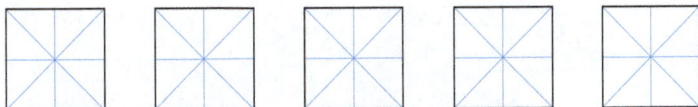

chī

吃 eat
（一级汉字 27）

字体演变 *The evolution of this Chinese character*

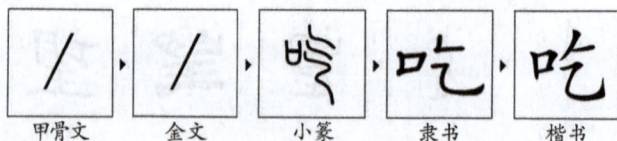

甲骨文	金文	小篆	隶书	楷书
丿	丿	吃	吃	吃

词汇 *Vocabulary*

hǎochī
1. 好吃 （一级词汇 139）
delicious

Zhōngguócài hěn hǎochī.
中国菜 很 好吃。
Chinese food is very delicious.

xiǎochī
2. 小吃 （四级词汇 808）
snack

Tāmen chīle yìxiē Zhōngguó chuántǒng xiǎochī.
他们 吃了 一些 中国 传统 小吃。
They had some traditional Chinese snacks.

扩展学习 *Extended learning*

chījīng
1. 吃惊 （四级词汇 94）
be surprised

chīkǔ
2. 吃苦 （七—九级词汇 474）
bear hardships

笔顺 *Stroke order*

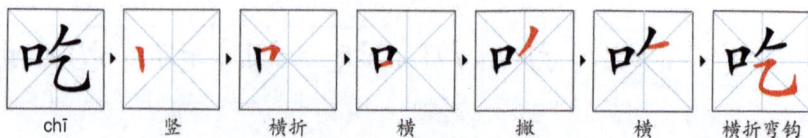

吃	丨	冂	口	口/	吃	吃
chī	竖	横折	横	撇	横	横折弯钩

练习 *Exercise*

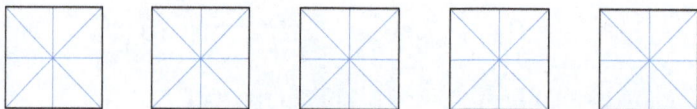

yǐn

饮

drink

（五级汉字 268）

字体演变 *The evolution of this Chinese character*

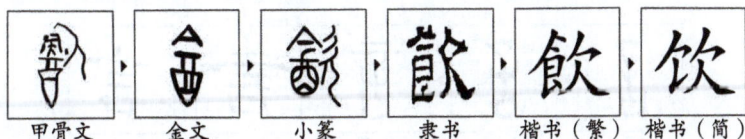

甲骨文	金文	小篆	隶书	楷书（繁）	楷书（简）

词汇 *Vocabulary*

yǐnliào
1. 饮料（五级词汇 905）
drink; beverage

Nǐ xǐhuan shénme yǐnliào?
你 喜欢 什么 饮料？
What kind of beverage do you like?

yǐnshí
2. 饮食（五级词汇 906）
food and drink; diet

Zhèxiē yǐnshí tígōngle nǐ shēntǐ xūyào de suǒyǒu
这些 饮食 提供了 你 身体 需要 的 所有
yíngyǎng.
营养。
These diets provide all the nutrients your body needs.

扩展学习 *Extended learning*

cānyǐn
1. 餐饮（五级词汇 77）
food and drinks

yǐn shuǐ
2. 饮水 （七—九级词汇 4993）
drinking water

笔顺 *Stroke order*

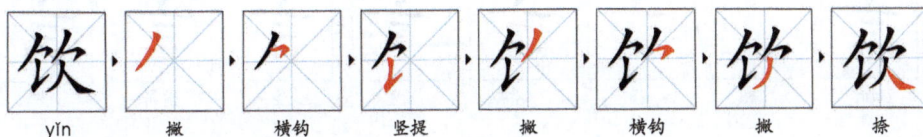

饮	丿	𠂉	饣	饣	饣	饮	饮
yǐn	撇	横钩	竖提	撇	横钩	撇	捺

练习 *Exercise*

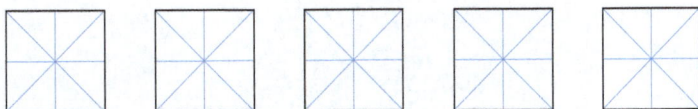

105

yán

言

word; speech

（二级汉字 246）

字体演变 *The evolution of this Chinese character*

| 甲骨文 | 金文 | 小篆 | 隶书 | 楷书 |

词汇 *Vocabulary*

yǔyán
1. 语言（二级词汇 690）
   language

Yǔyán shì jiāojì de gōngjù.
语言 是 交际 的 工具。
Language is a tool for communication.

fāyán
2. 发言（三级词汇 178）
   speak; speech (at a meeting, etc.)

Tā de fāyán bāokuòle tā suǒyǒu de guāndiǎn.
他 的 发言 包括了 他 所有 的 观点。
His speech contains all his viewpoints.

扩展学习 *Extended learning*

fāngyán
1. 方言 （七—九级词汇 1069）
   dialect

zǒng'éryánzhī
2. 总而言之 （七—九级词汇 5585）
   all in all

笔顺 *Stroke order*

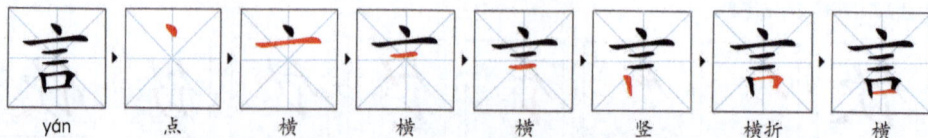

| yán | 点 | 横 | 横 | 横 | 竖 | 横折 | 横 |

练习 *Exercise*

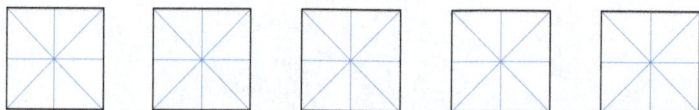

huò

获

get; obtain

（四级汉字 95）

字体演变 *The evolution of this Chinese character*

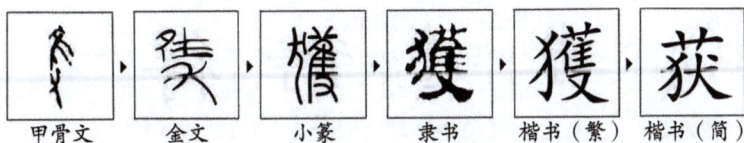

甲骨文	金文	小篆	隶书	楷书（繁）	楷书（简）

词汇 *Vocabulary*

huòdé
1. 获得（四级词汇 346）
get; obtain; gain; win

Tā huòdéle shìjiè guànjūn de chēnghào.
她 获得了 世界 冠军 的 称号。
She won the title of world champion.

shōuhuò
2. 收获 （四级词汇 653）
harvest

Yì fēn gēngyún, yì fēn shōuhuò.
一分 耕耘，一分 收获。
No pain, no gain.

扩展学习 *Extended learning*

huòxī
1. 获悉（七—九级词汇 1844）
learn (of an event)

rónghuò
2. 荣获 （七—九级词汇 3470）
have the honour to obtain; be awarded

笔顺 *Stroke order*

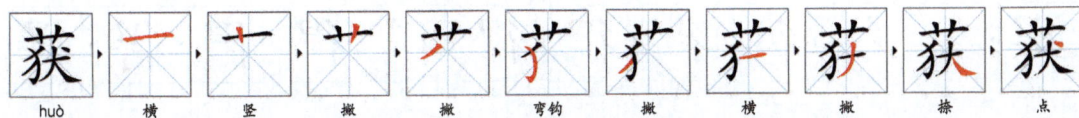

获	一	十	艹	芐	艻	莽	莽	莽	获	获
huò	横	竖	撇	撇	弯钩	撇	横	撇	捺	点

练习 *Exercise*

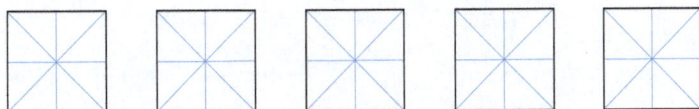

dé

得

get; obtain; gain

（一级汉字 40）

字体演变 *The evolution of this Chinese character*

| 甲骨文 | 金文 | 小篆 | 隶书 | 楷书 |

词汇 *Vocabulary*

dédào
1. 得到（一级词汇 65）
obtain

Jīngguò nǔlì, tā zhōngyú dédàole nà fèn gōngzuò.
经过 努力，他 终于 得到了 那 份 工作。
After hard work, he finally got the job.

juéde
2. 觉得（一级词汇 187）
feel

Wǒ juéde tā shì gè chéngshí de rén.
我 觉得 他 是 个 诚实 的 人。
I feel that he is an honest man.

扩展学习 *Extended learning*

zhídé
1. 值得（三级词汇 910）
be worth

déyì
2. 得意（四级词汇 171）
complacent

笔顺 *Stroke order*

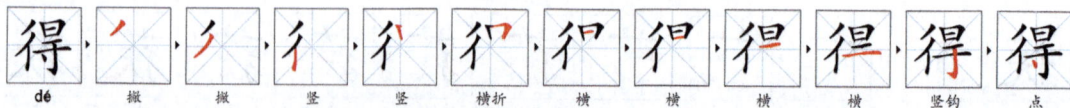

| 得 dé | 撇 | 撇 | 竖 | 竖 | 横折 | 横 | 横 | 横 | 竖钩 | 点 |

练习 *Exercise*

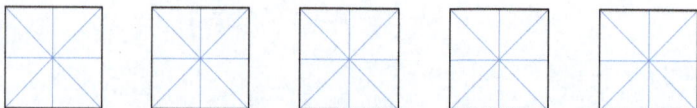

cǎi

采

pick; pluck; gather
（三级汉字 14）

字体演变 *The evolution of this Chinese character*

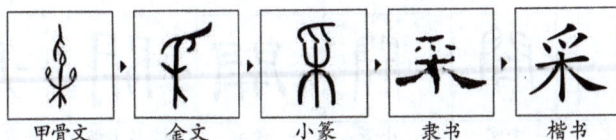

甲骨文	金文	小篆	隶书	楷书

词汇 *Vocabulary*

cǎiqǔ
1. 采取（三级词汇 71）
take; adopt

cǎijí
2. 采集（七一九级词汇 323）
gather; collect

Wǒmen jiànyì lìjí cǎiqǔ cuòshī.
我们 建议 立即 采取 措施。
We advise that measures be taken at once.

Mìfēng cóng huāduǒ shang cǎijí huāmì.
蜜蜂 从 花朵 上 采集 花蜜。
Bees gather nectar from flowers.

扩展学习 *Extended learning*

cǎifǎng
1. 采访（四级词汇 63）
interview

cǎigòu
2. 采购（五级词汇 73）
purchase

笔顺 *Stroke order*

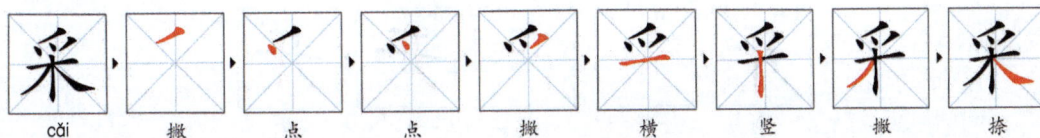

采	丿	丷	丷	丷	丷	丷	采	采
cǎi	撇	点	点	撇	横	竖	撇	捺

练习 *Exercise*

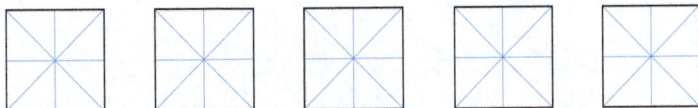

109

kāi

开

open; drive; turn on

（一级汉字 118）

字体演变 *The evolution of this Chinese character*

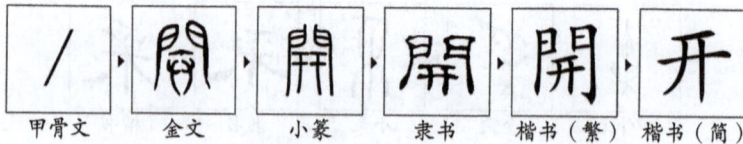

| 甲骨文 | 金文 | 小篆 | 隶书 | 楷书（繁） | 楷书（简） |

词汇 *Vocabulary*

kāiguān
1. 开关 （六级词汇 494）
switch

Túshūguǎn de mén yǒu zìdòng kāiguān.
图书馆 的 门 有 自动 开关。
The library door has an automatic switch.

kāishǐ
2. 开始 （三级词汇 408）
begin; start

Wǒmen měi tiān zǎoshang bā diǎn kāishǐ shàngkè.
我们 每天 早上 八 点 开始 上课。
We start class at eight every morning.

扩展学习 *Extended learning*

kāixīn
1. 开心 （二级词汇 311）
happy

kāizhǎn
2. 开展 （三级词汇 410）
develop; promote

笔顺 *Stroke order*

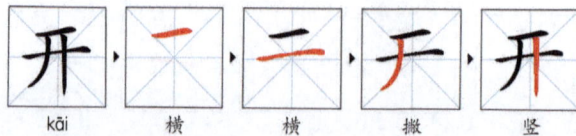

| 开 | 一 | 二 | 尸 | 开 |
| kāi | 横 | 横 | 撇 | 竖 |

练习 *Exercise*

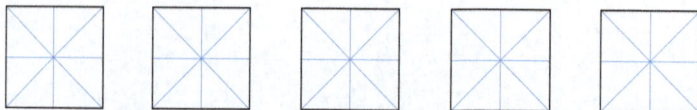

guān

关

close; shut

（一级汉字 76）

字体演变 *The evolution of this Chinese character*

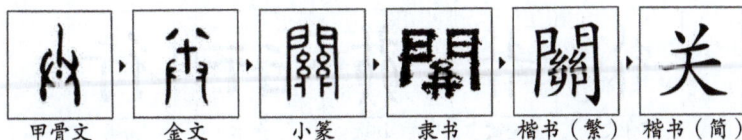

甲骨文	金文	小篆	隶书	楷书（繁）	楷书（简）

词汇 *Vocabulary*

guānbì
1. 关闭（四级词汇 289）
close

Líkāi jiàoshì shí qǐng guānbì ménchuāng.
离开 教室 时 请 关闭 门窗。
Please close the door and the windows when you leave the classroom.

hǎiguān
2. 海关（三级词汇 281）
customs

Nǐ yào guòjìng, bìxū zài hǎiguān bànlǐ shǒuxù.
你 要 过境， 必须 在 海关 办理 手续。
You must go through customs procedures in order to pass through the border.

扩展学习 *Extended learning*

méi guānxi
1. 没关系（一级词汇 233）
it doesn't matter

guānyú
2. 关于（四级词汇 290）
about; on

笔顺 *Stroke order*

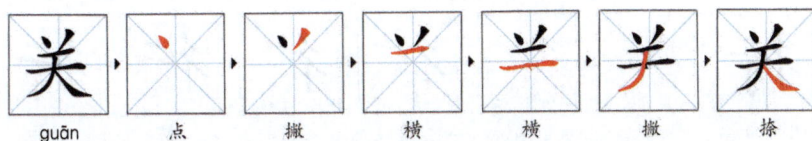

关	丶	⺊	⺌	丷	关	关
guān	点	撇	横	横	撇	捺

练习 *Exercise*

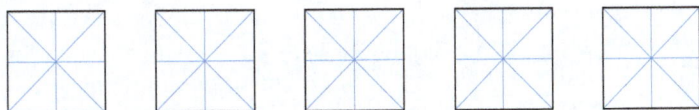

111

xíng/háng

行

OK/row

（一级汉字 253）

字体演变 *The evolution of this Chinese character*

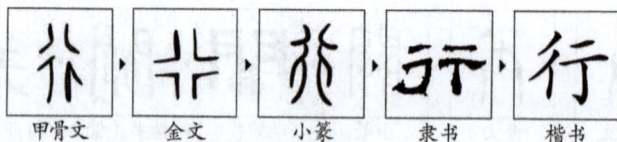

甲骨文	金文	小篆	隶书	楷书

词汇 *Vocabulary*

xíngrén
1. 行人 （二级词汇 624）
pedestrian

Xíngrén qǐng zǒu rénxíngdào.
行人 请 走 人行道。
Pedestrians, please take the sidewalk.

yínháng
2. 银行 （二级词汇 673）
bank

Wǒmen míngtiān qù yínháng.
我们 明天 去 银行。
We'll go to the bank tomorrow.

扩展学习 *Extended learning*

jìnxíng
1. 进行 （二级词汇 296）
be in progress

páihángbǎng
2. 排行榜 （六级词汇 612）
ranking list

笔顺 *Stroke order*

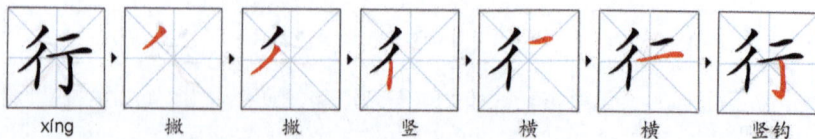

行	丿	彳	千	彳	彳	行
xíng	撇	撇	竖	横	横	竖钩

练习 *Exercise*

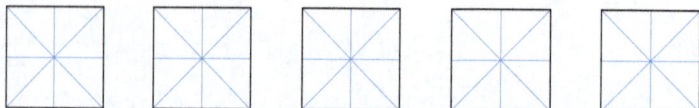

zǒu

走

walk; go; move

（一级汉字 294）

字体演变 *The evolution of this Chinese character*

甲骨文 · 金文 · 小篆 · 隶书 · 楷书

词汇 *Vocabulary*

zǒulù
1. 走路（一级词汇 491）
walk; go on foot

Tā tōngcháng zǒulù qù xuéxiào.
他 通常 走路 去 学校。
He usually walks to school.

zǒusī
2. 走私（六级词汇 1122）
smuggle

Hǎiguān gōngzuò rényuán mòshōule zǒusī wùpǐn.
海关 工作 人员 没收了 走私 物品。
The customs staff confiscated the smuggled items.

扩展学习 *Extended learning*

zǒu hòumén
1. 走 后门 （七—九级词汇 5594）
get in by the back door; pull strings

zǒuláng
2. 走廊 （七—九级词汇 5596）
corridor

笔顺 *Stroke order*

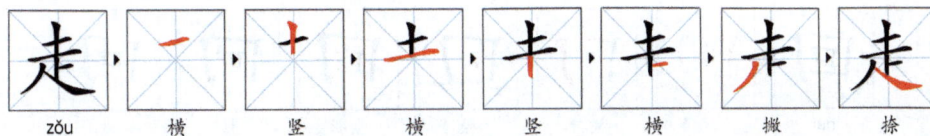

走 · 一 · 十 · 土 · 丰 · 丰 · 走 · 走

zǒu　横　竖　横　竖　横　撇　捺

练习 *Exercise*

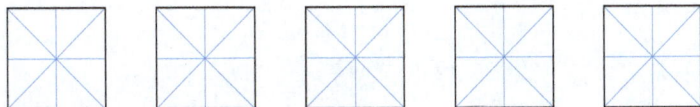

huí

回

return

（一级汉字 96）

字体演变 *The evolution of this Chinese character*

甲骨文	金文	小篆	隶书	楷书

词汇 *Vocabulary*

huídá
1. 回答（一级词汇 155）
answer; reply

Qǐng huídá wǒ de wèntí!
请 回答 我 的 问题！
Please answer my questions!

huíyì
2. 回忆（五级词汇 345）
memory; recall

Nà qíngjǐng shǐ wǒ huíyì qǐ le tóngnián.
那 情景 使我 回忆 起了 童年。
That scene reminded me of my childhood.

扩展学习 *Extended learning*

fǎnhuí
1. 返回（五级词汇 233）
return

huíbào
2. 回报（五级词汇 339）
repay

笔顺 *Stroke order*

回	竖	横折	竖	横折	横	横
huí						

练习 *Exercise*

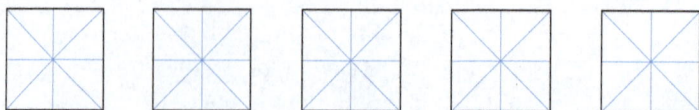

wǔ

武

martial; military
（三级汉字 227）

字体演变 *The evolution of this Chinese character*

| 甲骨文 | 金文 | 小篆 | 隶书 | 楷书 |

词汇 *Vocabulary*

wǔqì
1. 武器（三级词汇 767）
weapon; arms

Gē shì Zhōngguó gǔdài de yì zhǒng wǔqì.
戈 是 中国 古代 的 一 种 武器。
Ge (Dagger-axe) is a weapon in ancient China.

wǔshù
2. 武术（三级词汇 768）
martial art

Hěn duō rén shì cóng gōngfu diànyǐng zhōng liǎojiě
很 多 人 是 从 功夫 电影 中 了解
Zhōngguó wǔshù de.
中国 武术 的。
Many people learned about Chinese martial arts from *Kung fu* movies.

扩展学习 *Extended learning*

wǔlì
1. 武力（七—九级词汇 4396）
(military) force

wǔzhuāng
2. 武装 （七—九级词汇 4397）
armed forces

笔顺 *Stroke order*

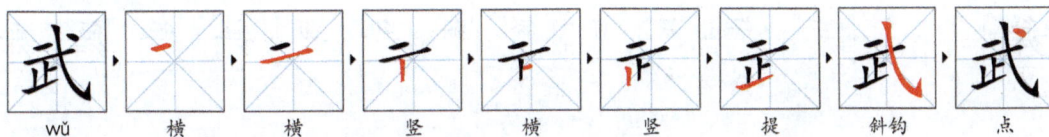

| 武 | 一 | 二 | 干 | 亍 | 正 | 武 | 武 |
| wǔ | 横 | 横 | 竖 | 横 | 竖 | 提 | 斜钩 | 点 |

练习 *Exercise*

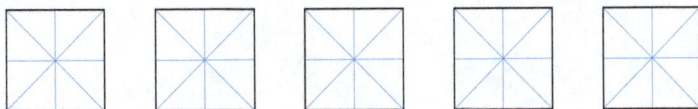

115

wǔ

舞

dance

（三级汉字 228）

字体演变 *The evolution of this Chinese character*

甲骨文	金文	小篆	隶书	楷书

词汇 *Vocabulary*

tiàowǔ
1. 跳舞（三级词汇 712）
dance

Háizimen zài kāixīn de tiàowǔ.
孩子们 在 开心 地 跳舞。
Children are dancing happily.

wǔdǎo
2. 舞蹈（六级词汇 867）
dance

Tā xǐhuan wǔdǎo， xìjù hé yīnyuè.
他 喜欢 舞蹈、戏剧 和 音乐。
He loves dance, drama and music.

扩展学习 *Extended learning*

wǔtái
1. 舞台（三级词汇 769）
stage

gǔwǔ
2. 鼓舞（七—九级词汇 1421）
inspire

笔顺 *Stroke order*

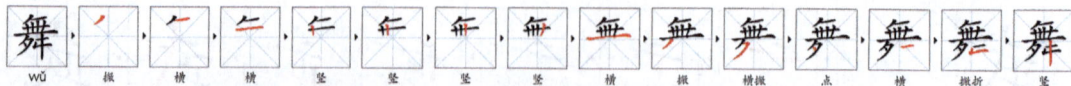

舞	ノ	⌐	⌐	仁	无	无	無	無	舞	舞	舞	舞	舞
wǔ	撇	横	横	竖	竖	竖	竖	横	撇	横撇	点	横	撇折	竖

练习 *Exercise*

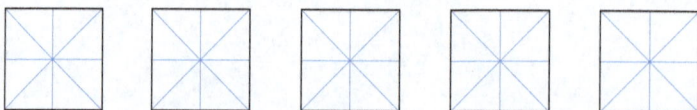

yù

浴

bath; bathe

（七一九级汉字 1078）

字体演变 *The evolution of this Chinese character*

甲骨文	金文	小篆	隶书	楷书

词汇 *Vocabulary*

mùyùlù
1. 沐浴露（七一九级词汇 2942）
shower gel

Zhè kuǎn mùyùlù de xiāoliàng búduàn shàngshēng.
这 款 沐浴露的 销量 不断 上升。
The sales of this shower gel is constantly increasing.

línyù
2. 淋浴
shower

Tā měi tiān wǎnshang shuìjiào qián xǐ yí cì línyù.
她 每 天 晚上 睡觉 前 洗 一 次 淋浴。
She takes a shower before going to bed every night.

扩展学习 *Extended learning*

yùshì
1. 浴室（七一九级词汇 5109）
bathroom

yùjīn
2. 浴巾
bath towel

笔顺 *Stroke order*

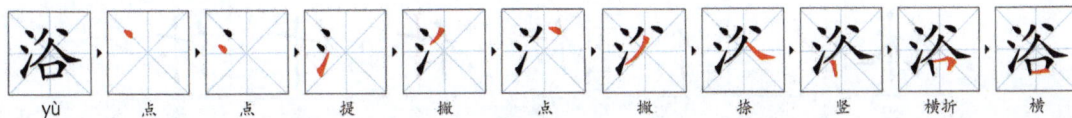

浴	丶	丷	氵	氵	氵	氵	氵	浴	浴
yù	点	点	提	撇	点	撇	捺	竖	横折	横

练习 *Exercise*

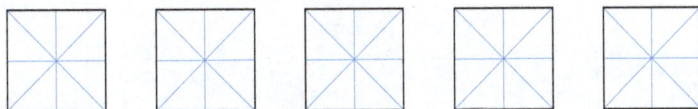

xiū

休

stop; rest

（一级汉字 255）

字体演变 *The evolution of this Chinese character*

| 甲骨文 | 金文 | 小篆 | 隶书 | 楷书 |

词汇 *Vocabulary*

xiūxi
1. 休息（一级词汇 417）
have a rest

Gāi xiūxi yíhuìr le.
该 休息 一会儿 了。
It's time to have a rest.

tuìxiū
2. 退休（三级词汇 740）
retire

Tā xià gè yuè tuìxiū.
他 下 个 月 退休。
He will retire next month.

扩展学习 *Extended learning*

xiūxián
1. 休闲（五级词汇 856）
be not working; have leisure

bàxiū
2. 罢休（七—九级词汇 47）
stop

笔顺 *Stroke order*

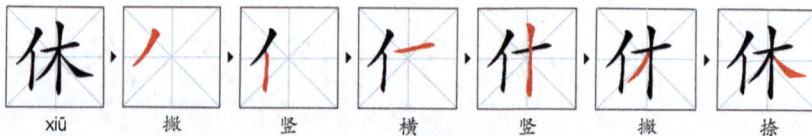

| 休 | ノ | 亻 | 亻 | 什 | 什 | 休 |
| xiū | 撇 | 竖 | 横 | 竖 | 撇 | 捺 |

练习 *Exercise*

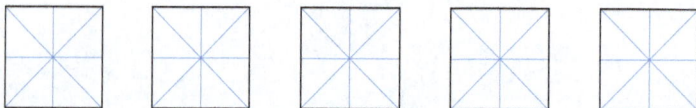

118

shēng

生

give birth to; live

（一级汉字 196）

字体演变 *The evolution of this Chinese character*

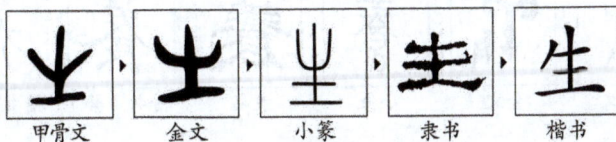

| 甲骨文 | 金文 | 小篆 | 隶书 | 楷书 |

词汇 *Vocabulary*

shēngzhǎng
1. 生长 （三级词汇 634）
grow

Xióngmāo shēngzhǎng zài Zhōngguó Sìchuān dìqū.
熊猫　生长　在　中国　四川　地区。
Pandas grow in the Sichuan region of China.

shēnghuó
2. 生活 （二级词汇 479）
life

Wàiguó de shēnghuó fāngshì gēn wǒmen de bù tóng.
外国　的　生活　方式　跟　我们　的　不同。
The lifestyle in foreign countries is different from that of ours.

扩展学习 *Extended learning*

shēngbìng
1. 生病 （一级词汇 329）
fall ill

shēngmìng
2. 生命 （三级词汇 632）
life

笔顺 *Stroke order*

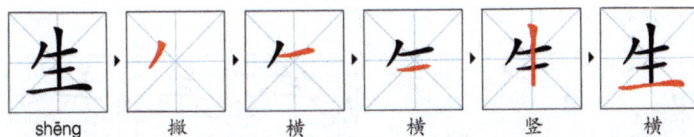

| 生 | ノ | 一 | 亠 | 牛 | 生 |
| shēng | 撇 | 横 | 横 | 竖 | 横 |

练习 *Exercise*

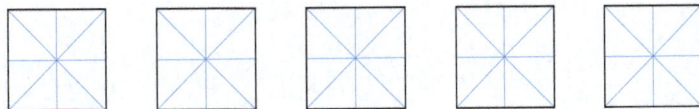

yǎng

养

support; raise; keep

（二级汉字 250）

字体演变 *The evolution of this Chinese character*

甲骨文	金文	小篆	隶书	楷书（繁）	楷书（简）

词汇 *Vocabulary*

péiyǎng
1. 培养 （四级词汇 553）
foster; train; develop

Wǒmen yīnggāi péiyǎng xuésheng fēnxī wèntí hé jiějué
我们 应该 培养 学生 分析问题和解决
wèntí de nénglì.
问题 的 能力。
We should develop students' ability to analyze and solve problems.

fǔyǎng
2. 抚养 （七—九级词汇 1196）
raise; bring up

Tāmen zài fǔyǎng háizi de guòchéng zhōng yùdàole
他们 在 抚养孩子的 过程 中 遇到了
gèzhǒng gèyàng de wèntí.
各种 各样 的 问题。
They encountered various problems in the process of bringing up their children.

扩展学习 *Extended learning*

yíngyǎng
1. 营养 （三级词汇 848）
nutrition

jiàoyǎng
2. 教养 （七—九级词汇 2081）
upbringing

笔顺 *Stroke order*

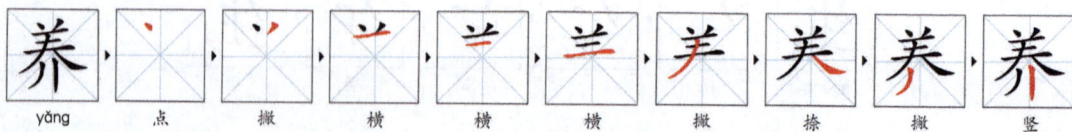

养	丶	ノ	丷	丷	丷	丷	丷	丷	养
yǎng	点	撇	横	横	横	撇	捺	撇	竖

练习 *Exercise*

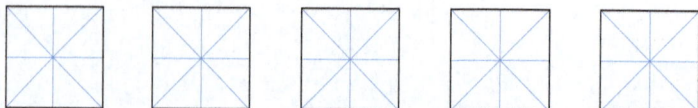

主题十一：物品　**Articles**

pǐn

品

article; product

（三级汉字 162）

字体演变 *The evolution of this Chinese character*

甲骨文	金文	小篆	隶书	楷书

词汇 *Vocabulary*

chǎnpǐn
1. 产品 （四级词汇 73）
product

Zhè shì wǒmen gōngsī de xīn chǎnpǐn.
这是 我们 公司 的 新 产品。
This is a new product of our company.

pǐnzhǒng
2. 品种 （五级词汇 560）
variety

Zhōngguó cháyè yǒu hěn duō pǐnzhǒng.
中国 茶叶有 很 多 品种。
There are many varieties of tea in China.

扩展学习 *Extended learning*

zuòpǐn
1. 作品 （三级词汇 971）
works (of art and literature)

pǐndé
2. 品德 （七—九级词汇 3131）
moral character

笔顺 *Stroke order*

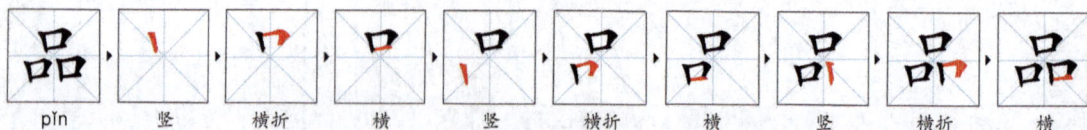

品	丨	卩	口	卩	吕	吕	吕	品	品
pǐn	竖	横折	横	竖	横折	横	竖	横折	横

练习 *Exercise*

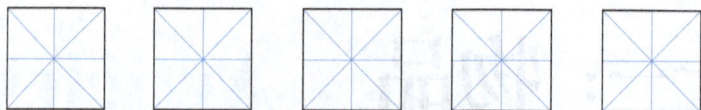

bǎo

宝

treasure

（四级汉字 10）

字体演变 *The evolution of this Chinese character*

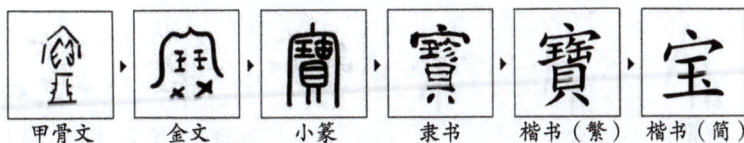

甲骨文	金文	小篆	隶书	楷书（繁）	楷书（简）

词汇 *Vocabulary*

bǎoshí
1. 宝石（四级词汇 27）
precious stone

Bǎoxiǎnxiāng li zhuāngmǎnle bǎoshí.
保险箱 里 装满了 宝石。
The safe is full of gemstones.

bǎoguì
2. 宝贵（四级词汇 26）
valuable

Zhège jīngyàn hěn bǎoguì.
这个 经验 很 宝贵。
This experience is very valuable.

扩展学习 *Extended learning*

bǎobao
1. 宝宝 （四级词汇 24）
baby; honey

bǎozàng
2. 宝藏 （七—九级词汇 98）
precious deposits; buried treasure

笔顺 *Stroke order*

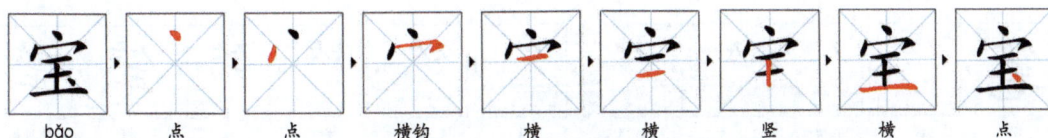

宝								
bǎo	点	点	横钩	横	横	竖	横	点

练习 *Exercise*

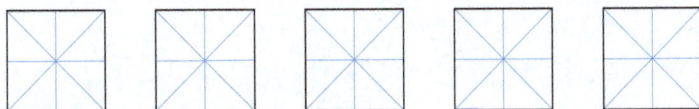

123

bǐ

笔

pen

（二级汉字 9）

字体演变 *The evolution of this Chinese character*

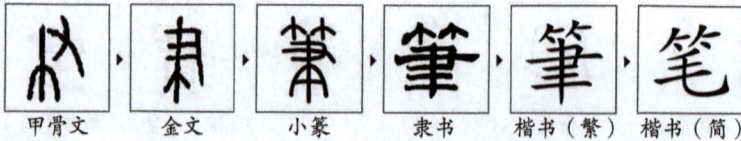

甲骨文	金文	小篆	隶书	楷书（繁）	楷书（简）

词汇 *Vocabulary*

qiānbǐ
1. 铅笔（六级词汇 645）
pencil

Tā zhèngzài yòng qiānbǐ xiězì.
他 正在 用 铅笔 写字。
He is writing using a pencil.

máobǐ
2. 毛笔（五级词汇 494）
writing brush

Gǔdài Zhōngguórén yòng máobǐ xiězì.
古代 中国人 用 毛笔 写字。
Ancient Chinese wrote using a writing brush.

扩展学习 *Extended learning*

bǐjìběn
1. 笔记本（二级词汇 22）
notebook

dàbǐ
2. 大笔（七—九级词汇 691）
a large amount (of capital, money, etc.)

笔顺 *Stroke order*

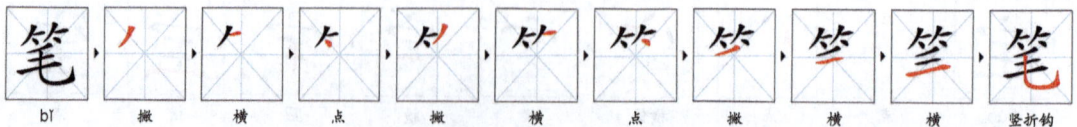

笔	丿	广	仁	夊	竹	竹	笶	竺	竺	笔
bǐ	撇	横	点	撇	横	点	撇	横	横	竖折钩

练习 *Exercise*

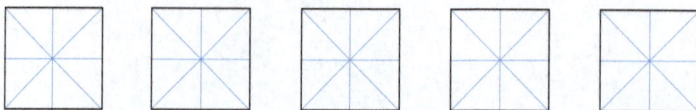

cè

册

volume

（五级汉字 19）

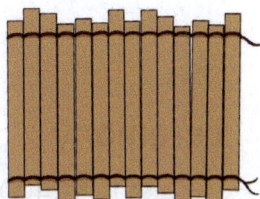

字体演变 *The evolution of this Chinese character*

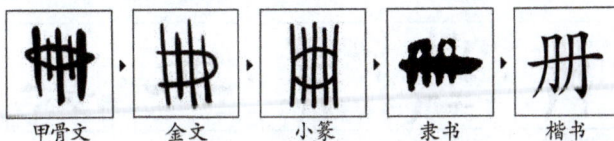

| 甲骨文 | 金文 | 小篆 | 隶书 | 楷书 |

词汇 *Vocabulary*

shǒucè

1. 手册（七一九级词汇 3768）
handbook

Kāixué qián, xuéxiào gěi měi gè liúxuéshēng fāfàngle
开学 前，学校 给 每 个 留学生 发放了
yì běn《Liúxuéshēng Shǒucè》.
一 本《 留学生 手册 》。
Before the semester started, the school distributed a *Foreign Student Handbook* to every international student.

zhùcè

2. 注册（五级词汇 1040）
register

Wǒ zài wǎng shang xīn zhùcèle yí gè diànzǐ yóuxiāng.
我 在 网 上 新 注册了一个 电子 邮箱 。
I registered a new e-mail address online.

扩展学习 *Extended learning*

cè

1. 册（五级词汇 79）
volume; book; *a measure word for books*

huàcè

2. 画册（七一九级词汇 1732）
album of paintings

笔顺 *Stroke order*

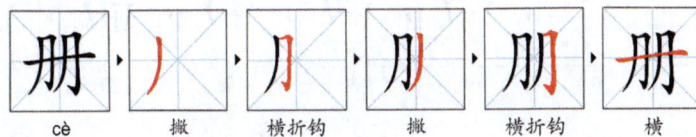

| 册 | 丿 | 刀 | 刀 | 刑 | 册 |
| cè | 撇 | 横折钩 | 撇 | 横折钩 | 横 |

练习 *Exercise*

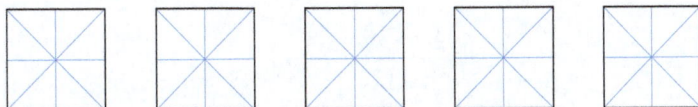

diǎn

典

ceremony

（二级汉字 40）

字体演变 *The evolution of this Chinese character*

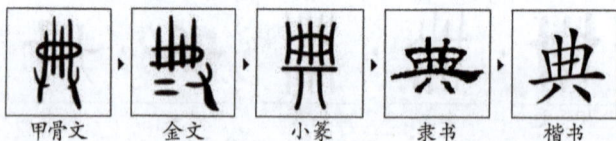

| 甲骨文 | 金文 | 小篆 | 隶书 | 楷书 |

词汇 *Vocabulary*

cídiǎn
1. 词典（二级词汇 82）
dictionary

Xuéxí Hànyǔ xūyào zhǔnbèi yì běn Hànyǔ cídiǎn.
学习 汉语 需要 准备 一 本 汉语 词典。
It is necessary to prepare a Chinese dictionary to learn Chinese.

gǔdiǎn
2. 古典（六级词汇 334）
classical

Wǒ yéye hěn xǐhuan tīng gǔdiǎn yīnyuè.
我 爷爷 很 喜欢 听 古典 音乐。
My grandfather likes listening to classical music very much.

扩展学习 *Extended learning*

jīngdiǎn
1. 经典 （四级词汇 413）
classic

diǎnlǐ
2. 典礼（五级词汇 200）
ceremony

笔顺 *Stroke order*

| 典 | 丨 | 冂 | 日 | 由 | 曲 | 典 | 典 | 典 |
| diǎn | 竖 | 横折 | 横 | 竖 | 竖 | 横 | 撇 | 点 |

练习 *Exercise*

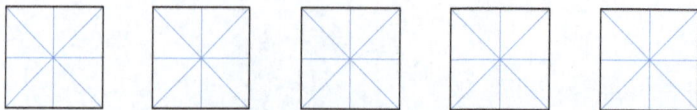

dāo

刀

knife

（三级汉字 38）

字体演变 *The evolution of this Chinese character*

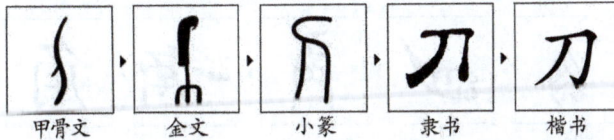

甲骨文	金文	小篆	隶书	楷书

词汇 *Vocabulary*

dāo
1. 刀（三级词汇 141）
knife

Zhè bǎ dāo kěyǐ qiēkāi xīguā.
这 把 刀 可以 切开 西瓜。
This knife can cut watermelons.

jiǎndāo
2. 剪刀（五级词汇 381）
scissors

Chūnjié de shíhou, nǎinai yòng jiǎnzi jiǎnchūle
春节 的 时候，奶奶 用 剪子 剪出了
hǎokàn de chuānghuā.
好看 的 窗花。
During the Spring Festival, my grandma made beautiful
paper-cuts for window decorations using scissors.

扩展学习 *Extended learning*

dāoxiāomiàn
1. 刀削面
sliced noodles

cāndāo
2. 餐刀
table knife

笔顺 *Stroke order*

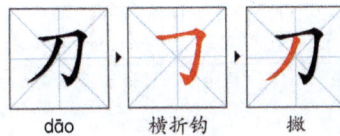

dāo	横折钩	撇

练习 *Exercise*

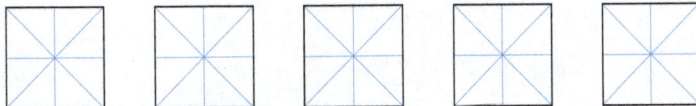

jiǎo/jué

角

horn

（二级汉字 96）

字体演变 *The evolution of this Chinese character*

甲骨文	金文	小篆	隶书	楷书

词汇 *Vocabulary*

jiǎo
1. 角（二级词汇 273）
horn

Xīniú bízi shang yǒu yí gè jiǎo.
犀牛 鼻子 上 有一个 角。
A rhinoceros has a horn on its nose.

jiǎodù
2. 角度（二级词汇 274）
angle

Wǒmen yīnggāi cóng bù tóng jiǎodù kǎolǜ wèntí.
我们 应该 从 不同 角度 考虑 问题。
We should think from different angles.

扩展学习 *Extended learning*

juésè
1. 角色（四级词汇 430）
role

jiǎoluò
2. 角落（七一九级词汇 2065）
corner

笔顺 *Stroke order*

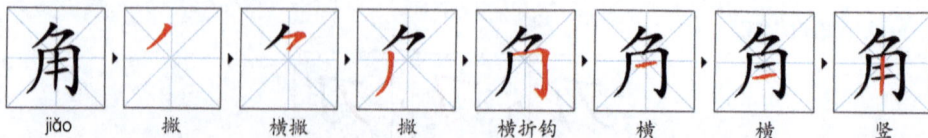

角	丿	⺈	𠂊	𩇨	角	角	角
jiǎo	撇	横撇	撇	横折钩	横	横	竖

练习 *Exercise*

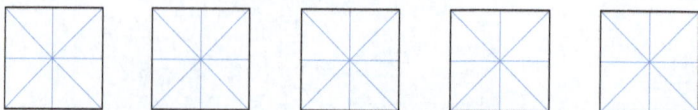

hú

壶

pot

（六级汉字 91）

字体演变 *The evolution of this Chinese character*

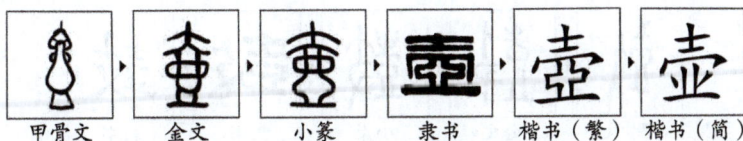

甲骨文	金文	小篆	隶书	楷书（繁）	楷书（简）

词汇 *Vocabulary*

hú
1. 壶（六级词汇 383）
pot; kettle

Měi tiān wǎnfàn hòu bàba dōu yào hē yì hú chá.
每天 晚饭 后 爸爸 都 要 喝 一 壶 茶。
Dad drinks a pot of tea after supper every day.

shuǐhú
2. 水壶（七—九级词汇 3856）
kettle

Shuǐhú li yǒu gāng shāohǎo de rèshuǐ.
水壶 里 有 刚 烧好 的 热水。
There is some boiling water in the kettle.

扩展学习 *Extended learning*

cháhú
1. 茶壶
teapot

pēnhú
2. 喷壶
watering can

笔顺 *Stroke order*

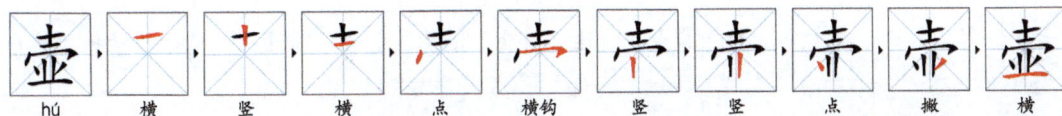

壶	一	十	圭	圭	圭	圭	壶	壶	壶
hú	横	竖	横	点	横钩	竖	竖	点	撇	横

练习 *Exercise*

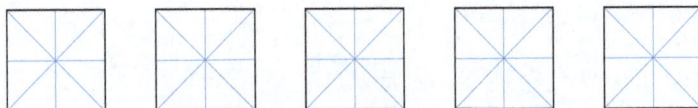

129

gǔ

鼓

drum

（五级汉字 75）

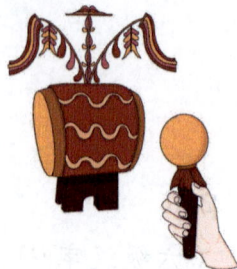

字体演变 *The evolution of this Chinese character*

甲骨文	金文	小篆	隶书	楷书

词汇 *Vocabulary*

gǔ
1. 鼓（五级词汇 291）
drum

Nǐ de péngyou huì qiāo gǔ ma?
你 的 朋友 会 敲 鼓 吗？
Does your friend play the drums?

gǔzhǎng
2. 鼓掌（五级词汇 293）
applaud

Yǎnchū jiéshù hòu, guānzhòngmen qǐlì gǔzhǎng.
演出 结束 后， 观众们 起立 鼓掌。
After the show, the audience stood up and applauded.

扩展学习 *Extended learning*

gǔlì
1. 鼓励（五级词汇 292）
encourage

gǔdòng
2. 鼓动（七—九级词汇 1420）
agitate

笔顺 *Stroke order*

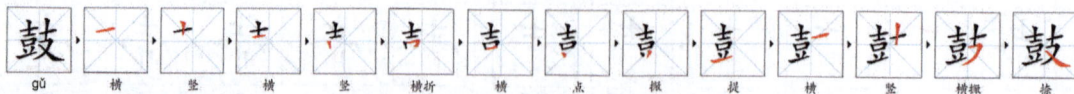

鼓	一	十	土	吉	吉	吉	吉	壴	壴	壴	鼓	鼓
gǔ	横	竖	横	竖	横折	横	点	撇	提	横	竖	横撇	捺

练习 *Exercise*

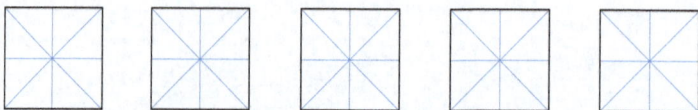

wǎng

网 net

（一级汉字 228）

字体演变 *The evolution of this Chinese character*

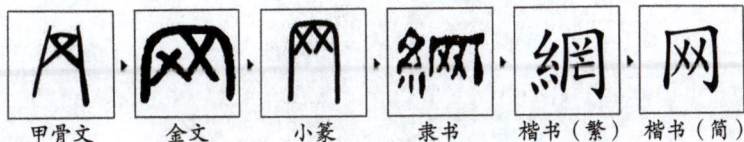

甲骨文	金文	小篆	隶书	楷书（繁）	楷书（简）

词汇 *Vocabulary*

shàngwǎng
1. 上网 （一级词汇 321）
surf the Internet

Wǒmen kěyǐ shàngwǎng liáotiānr.
我们 可以 上网 聊天儿。
We can chat online.

wǎngqiú
2. 网球 （二级词汇 567）
tennis

Tā měi gè xīngqī dǎ liǎng cì wǎngqiú.
他 每 个 星期 打 两 次 网球。
He plays tennis twice a week.

扩展学习 *Extended learning*

wǎngzhàn
1. 网站 （二级词汇 568）
website

wǎngluò
2. 网络 （四级词汇 746）
network; the Internet

笔顺 *Stroke order*

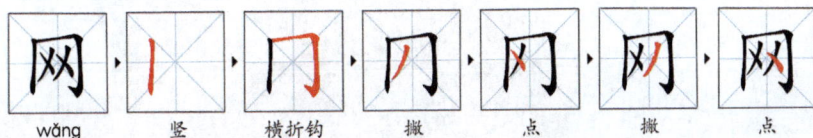

网	丨	冂	冂	冈	网	网
wǎng	竖	横折钩	撇	点	撇	点

练习 *Exercise*

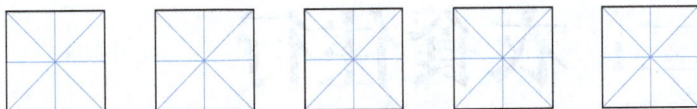

131

主题十二：衣食住行
Basic necessities of life

yī
衣

clothes

（一级汉字 263）

字体演变 *The evolution of this Chinese character*

甲骨文	金文	小篆	隶书	楷书

词汇 *Vocabulary*

yīfu
1. 衣服（一级词汇 428）
clothes

Māma yǒu hěn duō piàoliang de yīfu ， yǒude shì hóngsè
妈妈 有 很 多 漂亮 的 衣服，有的 是 红色
de ， yǒude shì lánsè de.
的，有的 是 蓝色 的。
Mother has many beautiful clothes, some are red, and some are blue.

máoyī
2. 毛衣（四级词汇 502）
sweater

Māma sònggěi háizi yí jiàn máoyī zuòwéi shēngrì lǐwù.
妈妈 送给 孩子 一件 毛衣 作为 生日 礼物。
Mother gave her child a sweater as a birthday present.

扩展学习 *Extended learning*

xǐyījī
1. 洗衣机（二级词汇 587）
washing machine

yī-shí-zhù-xíng
2. 衣 食 住 行（七—九级词汇 4872）
basic necessities of life

笔顺 *Stroke order*

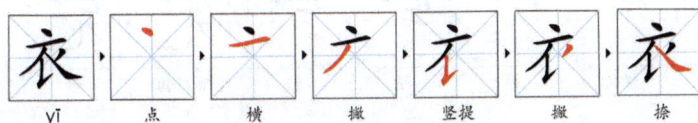

衣	丶	二	亠	𧘇	𧘇	衣
yī	点	横	撇	竖提	撇	捺

练习 *Exercise*

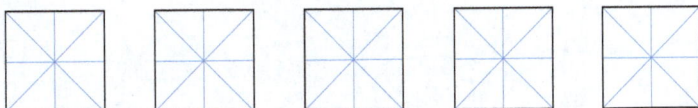

133

guān/guàn

冠

wear/put on a hat (formerly as a sign of adulthood); crown with

（五级汉字 76）

字体演变 *The evolution of this Chinese character*

甲骨文	金文	小篆	隶书	楷书

词汇 *Vocabulary*

miǎnguān
1. 免冠
bareheaded

Qǐng tíjiāo 1 zhāng 2 cùn miǎnguān zhàopiàn.
请 提交 1 张 2 寸 免冠 照片。
Please submit a 2-inch bareheaded photo.

guànjūn
2. 冠军 （五级词汇 298）
champion

Tā zài bǐsài zhōng duódéle guànjūn.
他 在 比赛 中 夺得了 冠军。
He won the championship in the competition.

扩展学习 *Extended learning*

duóguàn
1. 夺冠 （七—九级词汇 984）
win the championship

huángguān
2. 皇冠
(imperial) crown

笔顺 *Stroke order*

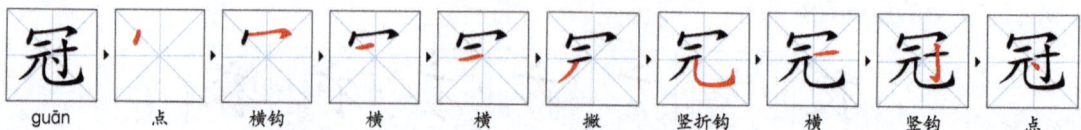

冠	丶	冖	冖	冖	冖	冠	冠	冠	冠
guān	点	横钩	横	横	撇	竖折钩	横	竖钩	点

练习 *Exercise*

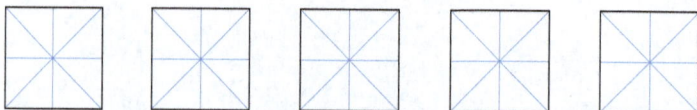

sī
丝

silk

（七—九级汉字 817）

字体演变 *The evolution of this Chinese character*

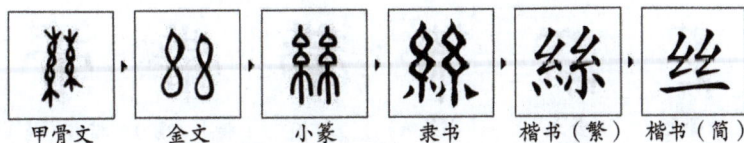

甲骨文	金文	小篆	隶书	楷书（繁）	楷书（简）

词汇 *Vocabulary*

sīchóu
1. 丝绸（七—九级词汇 3902）
   silk

Zhōngguó sīchóu zài shìjiè shang fēicháng yǒumíng.
中国 丝绸 在 世界 上 非常 有名。
Chinese silk is world-famous.

sīháo
2. 丝毫（七—九级词汇 3903）
   a shred of

Tā sīháo méiyǒu yìshí dào wēixiǎn.
他 丝毫 没有 意识 到 危险。
He was completely unaware of the danger.

扩展学习 *Extended learning*

fěnsī
1. 粉丝（七—九级词汇 1133）
   fans; vermicelli made from bean starch, etc.

luósī
2. 螺丝（七—九级词汇 2753）
   screw

笔顺 *Stroke order*

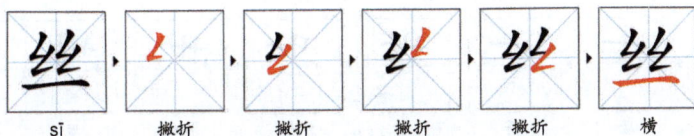

丝	乚	纟	纟	纟	丝
sī	撇折	撇折	撇折	撇折	横

练习 *Exercise*

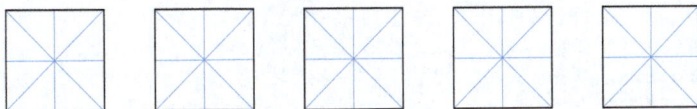

135

dài

带

belt; take

（二级汉字 33）

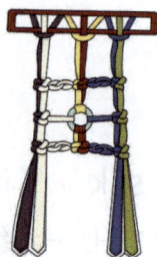

字体演变 *The evolution of this Chinese character*

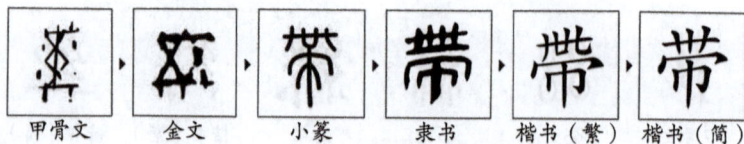

甲骨文	金文	小篆	隶书	楷书（繁）	楷书（简）

词汇 *Vocabulary*

lǐngdài
1. 领带（五级词汇 481）
necktie

Tā chuānzhe zhèngzhuāng, jìzhe lǐngdài.
他 穿着 正装 ，系着 领带。
He was dressed in a formal suit and tie.

xiédài
2. 携带（七—九级词汇 4587）
take

Lǚkè bìxū xiédài yǒuxiào zhèngjiàn.
旅客 必须 携带 有效 证件。
Passengers must carry valid credentials.

扩展学习 *Extended learning*

dàilǐng
1. 带领（三级词汇 135）
lead; direct

rèdài
2. 热带（七—九级词汇 3425）
tropic

笔顺 *Stroke order*

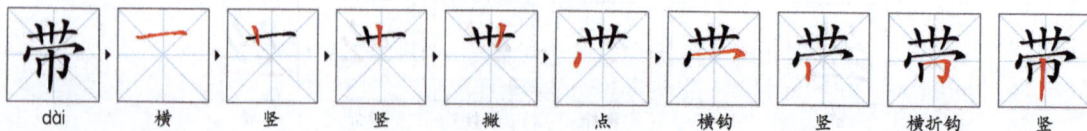

带	一	十	卅	卅	卅	带	带	带
dài	横	竖	竖	撇	点	横钩	竖	横折钩	竖

练习 *Exercise*

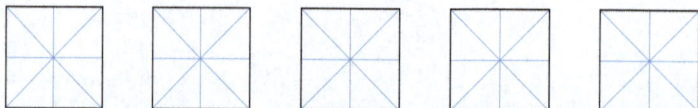

jīn

巾

towel

（四级汉字 108）

字体演变 *The evolution of this Chinese character*

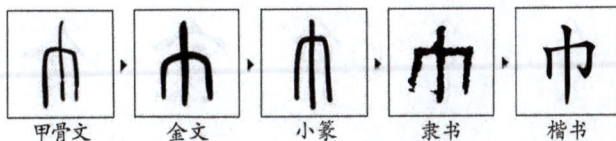

甲骨文	金文	小篆	隶书	楷书

词汇 *Vocabulary*

máojīn

1. 毛巾 （四级词汇 501）
   towel

Māma bǎ xǐguò de máojīn guà zài shàiyīshéng shang.
妈妈 把 洗过 的 毛巾 挂在 晒衣绳 上。
Mother hung the washed towels on the clothes line.

wéijīn

2. 围巾 （四级词汇 750）
   scarf

Yángmáo wéijīn bùjǐn piàoliang, hái hěn nuǎnhuo.
羊毛 围巾 不仅 漂亮，还 很 暖和。
The wool scarf is not only beautiful, but also very warm.

扩展学习 *Extended learning*

sījīn

1. 丝巾
   silk scarf

zhěnjīn

2. 枕巾
   pillow towel

笔顺 *Stroke order*

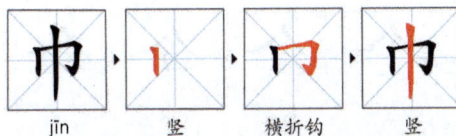

巾	丨	冂	巾
jīn	竖	横折钩	竖

练习 *Exercise*

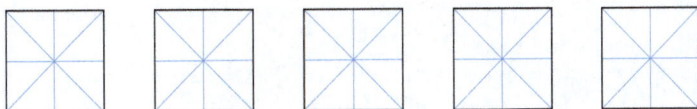

shí

食 food

（二级汉字 185）

字体演变 *The evolution of this Chinese character*

甲骨文	金文	小篆	隶书	楷书

词汇 *Vocabulary*

shípǐn
1. 食品（三级词汇 649）
   food

Wèile jiǎnféi， tā cónglái bù chī yóuzhá shípǐn.
为了 减肥，她 从来 不吃 油炸 食品。
In order to lose weight, she never eats fried food.

liángshi
2. 粮食（四级词汇 478）
   food; grain

Búyào làngfèi liángshi.
不要 浪费 粮食。
Don't waste food.

扩展学习 *Extended learning*

língshí
1. 零食（四级词汇 488）
   snacks

sùshí
2. 素食（七—九级词汇 3950）
   vegetarian diet

笔顺 *Stroke order*

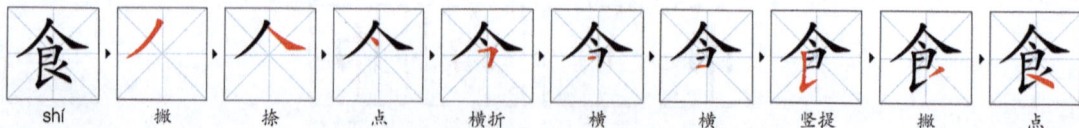

食	丿	人	人	今	今	今	食	食	食
shí	撇	捺	点	横折	横	横	竖提	撇	点

练习 *Exercise*

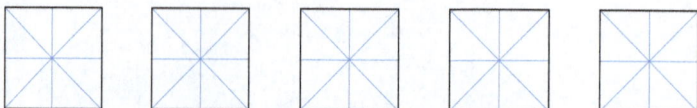

fàn

饭 meal

（一级汉字 58）

字体演变 *The evolution of this Chinese character*

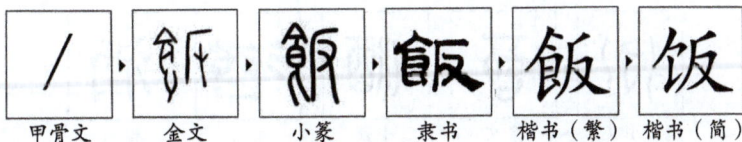

丿	飤	飯	飯	飯	饭
甲骨文	金文	小篆	隶书	楷书（繁）	楷书（简）

词汇 *Vocabulary*

chīfàn
1. 吃饭（一级词汇 47）
have a meal

Zhōumò wǒmen yìqǐ chīfàn ba.
周末 我们 一起 吃饭 吧。
Let's have a meal together this weekend.

fànguǎn
2. 饭馆（二级词汇 156）
restaurant

Nà jiā fànguǎn de cài yòu hǎochī yòu piányi.
那家 饭馆 的菜 又 好吃 又 便宜。
The food in that restaurant is delicious and inexpensive.

扩展学习 *Extended learning*

zuòfàn
1. 做饭（二级词汇 772）
cook a meal

fànwǎn
2. 饭碗（七—九级词汇 1063）
rice bowl

笔顺 *Stroke order*

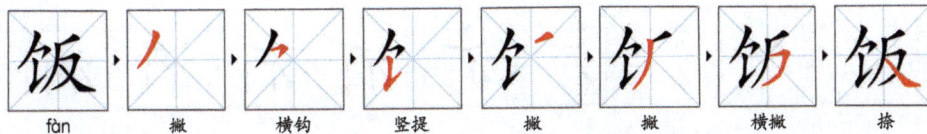

饭	丿	𠂉	饣	饣	饣	饭	饭
fàn	撇	横钩	竖提	撇	撇	横撇	捺

练习 *Exercise*

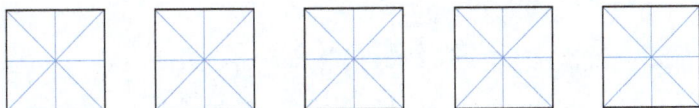

jiǔ

酒

alcoholic drink

（二级汉字 110）

字体演变 *The evolution of this Chinese character*

甲骨文	金文	小篆	隶书	楷书

词汇 *Vocabulary*

píjiǔ
1. 啤酒（三级词汇 536）
   beer

Zhè píjiǔ wèidào búcuò.
这 啤酒 味道 不错。
This beer tastes good.

jiǔbā
2. 酒吧（四级词汇 419）
   bar

Nà tiáo jiēshang yǒu jǐ jiā jiǔbā.
那 条 街上 有 几 家 酒吧。
There are several bars on that street.

扩展学习 *Extended learning*

jiǔjīng
1. 酒精（七—九级词汇 2248）
   (ethyl) alcohol

xùjiǔ
2. 酗酒（七—九级词汇 4700）
   indulge in excessive drinking

笔顺 *Stroke order*

酒	丶	丶	氵	汀	沂	沂	沔	酒	酒
jiǔ	点	点	提	横	竖	横折	撇	竖折	横	横

练习 *Exercise*

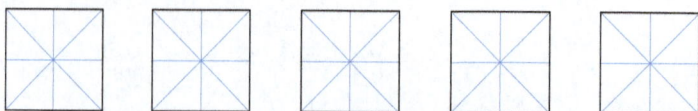

jiā

家

home; family

（一级汉字 103）

字体演变 *The evolution of this Chinese character*

| 甲骨文 | 金文 | 小篆 | 隶书 | 楷书 |

词汇 *Vocabulary*

huíjiā
1. 回家（一级词汇 157）
go home

Tā wǎnshang shí diǎn cái huíjiā.
他 晚上 十 点 才 回家。
He did not go home until 10 p.m.

guójiā
2. 国家（一级词汇 129）
country

Zhōngguó shì yí gè fúyuán liáokuò, lìshǐ yōujiǔ de
中国 是 一个 幅员 辽阔、历史 悠久 的
guójiā.
国家。
China is a country with a vast territory and a long history.

扩展学习 *Extended learning*

jiāxiāng
1. 家乡（三级词汇 333）
hometown

zhuānjiā
2. 专家（三级词汇 945）
expert; specialist

笔顺 *Stroke order*

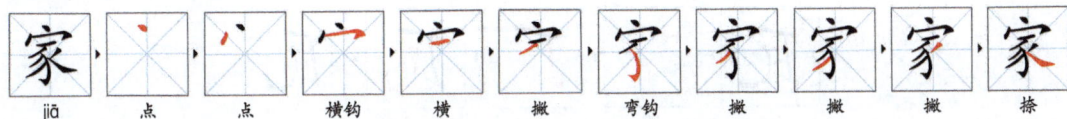

| 家 | 丶 | 丷 | 宀 | 宀 | 宀 | 宀 | 宀 | 宀 | 家 |
| jiā | 点 | 点 | 横钩 | 横 | 撇 | 弯钩 | 撇 | 撇 | 捺 |

练习 *Exercise*

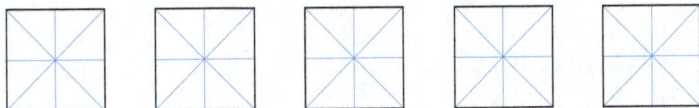

wǎ

瓦

tile

（七—九级汉字 888）

字体演变 *The evolution of this Chinese character*

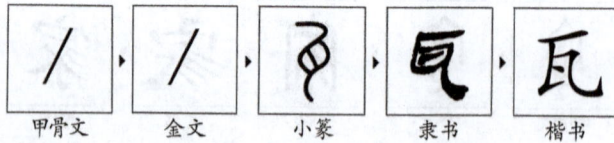

丿	丿	 	 	瓦
甲骨文	金文	小篆	隶书	楷书

词汇 *Vocabulary*

wǎ
1. 瓦（七—九级词汇 4227）
tile

Yì kē xiǎo cǎo shēngzhǎng zài wūdǐng de zhuānwǎ
一棵 小草 生长 在屋顶 的 砖瓦
zhīzhōng.
之中。
A small grass grows among the bricks and tiles on the roof.

wǎjiě
2. 瓦解
collapse

Duìshǒu de xìnxīn yǐjīng wǎjiě.
对手 的 信心 已经 瓦解。
The opponent's confidence has collapsed.

扩展学习 *Extended learning*

wǎguàn
1. 瓦罐
earthen jar

wǎtè
2. 瓦特
watt (*a measure word for power*)

笔顺 *Stroke order*

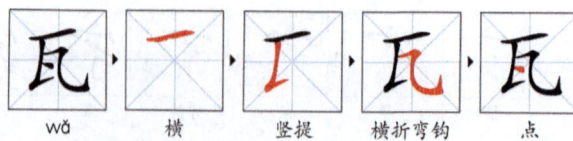

瓦	一	工	瓦	瓦
wǎ	横	竖提	横折弯钩	点

练习 *Exercise*

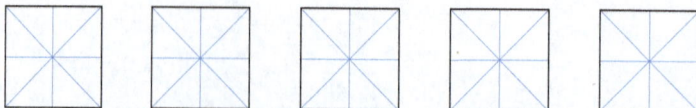

mén

门

door

（一级汉字 148）

字体演变 *The evolution of this Chinese character*

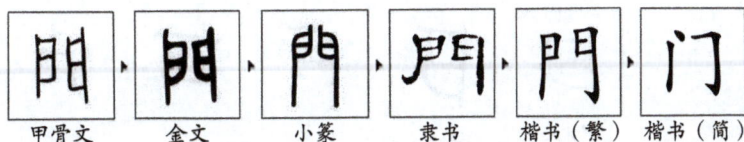

甲骨文	金文	小篆	隶书	楷书（繁）	楷书（简）

词汇 *Vocabulary*

ménkǒu
1. 门口 （一级词汇 239）
doorway

Tā yìzhí zhàn zài ménkǒu.
她 一直 站 在 门口。
She had always been standing in the doorway.

bùmén
2. 部门 （三级词汇 68）
department

Liúxuéshēng yóu xuéxiào guójì bùmén guǎnlǐ.
留学生 由 学校 国际 部门 管理。
International students are managed by the international department of the school.

扩展学习 *Extended learning*

ménzhěn
1. 门诊 （五级词汇 500）
outpatient service

rèmén
2. 热门 （五级词汇 618）
hot; popular

笔顺 *Stroke order*

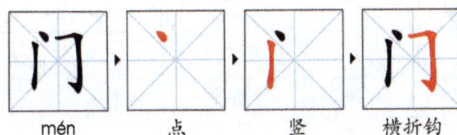

mén	点	竖	横折钩

练习 *Exercise*

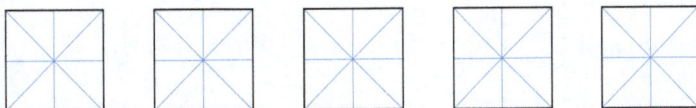

hù

户

door; household
（四级汉字 88）

字体演变 *The evolution of this Chinese character*

甲骨文	金文	小篆	隶书	楷书

词汇 *Vocabulary*

chuānghu
1. 窗户（四级词汇 115）
window

Yǎnjing shì xīnlíng de chuānghu.
眼睛 是 心灵 的 窗户。
Eyes are windows of the soul.

zhànghù
2. 账户（六级词汇 1046）
account

Nǐ yào xiān qù yínháng kāi yí gè chǔxù zhànghù.
你 要 先 去 银行 开 一 个 储蓄 账户。
You need to open a saving account at the bank first.

扩展学习 *Extended learning*

hùwài
1. 户外（六级词汇 385）
outdoor

jiāyù-hùxiǎo
2. 家喻户晓（七—九级词汇 1942）
be known to every household

笔顺 *Stroke order*

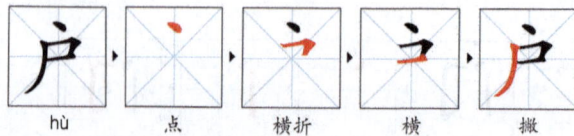

hù	点	横折	横	撇

练习 *Exercise*

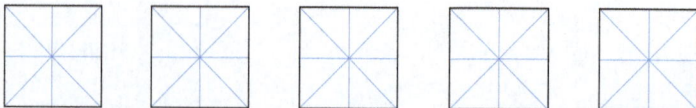

144

jǐng

井

well

（六级汉字 120）

字体演变 *The evolution of this Chinese character*

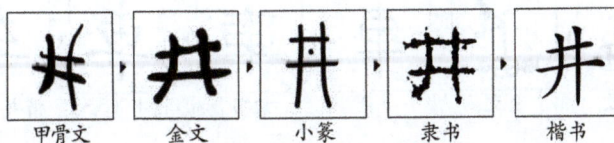

井	井	井	井	井
甲骨文	金文	小篆	隶书	楷书

词汇 *Vocabulary*

jǐng
1. 井 （六级词汇 467）
well

Chī shuǐ bú wàng wā jǐng rén.
吃 水 不 忘 挖 井 人。
When you drink the water, think of those who dug the well.

jǐngrán yǒuxù
2. 井然 有序
in good order

Rénmen jǐngrán yǒuxù de zǒuchū huìchǎng.
人们 井然 有序 地 走出 会场。
People walked out of the conference hall in an orderly way.

扩展学习 *Extended learning*

shìjǐng
1. 市井
town; marketplace

jǐngdǐzhīwā
2. 井底之蛙
frog in a well; person with a very limited outlook

笔顺 *Stroke order*

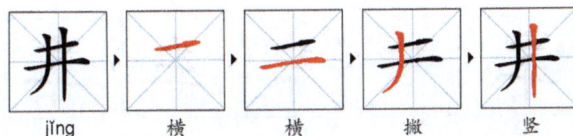

井	一	二	夫	井
jǐng	横	横	撇	竖

练习 *Exercise*

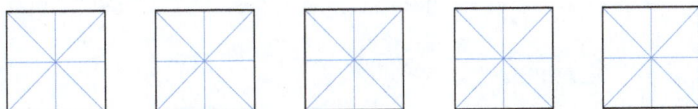

chē

车

vehicle

（一级汉字 26）

字体演变 *The evolution of this Chinese character*

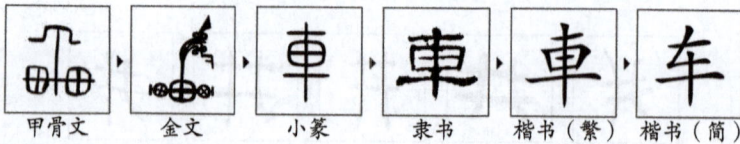

甲骨文	金文	小篆	隶书	楷书（繁）	楷书（简）

词汇 *Vocabulary*

huǒchē
1. 火车 （一级词汇 161）
train

Wǒmen dǎsuàn zuò huǒchē qù Běijīng.
我们 打算 坐 火车 去 北京。
We are going to Beijing by train.

mǎchē
2. 马车 （六级词汇 565）
carriage

Dàyuē cóng 1910 nián qǐ, jīdòngchē kāishǐ qǔdài mǎchē.
大约 从 1910 年 起，机动车 开始 取代 马车。
Starting around 1910, motor vehicles began to replace carriages.

扩展学习 *Extended learning*

qíchē
1. 骑车 （二级词汇 429）
ride a bicycle

dǔchē
2. 堵车 （四级词汇 202）
traffic jam

笔顺 *Stroke order*

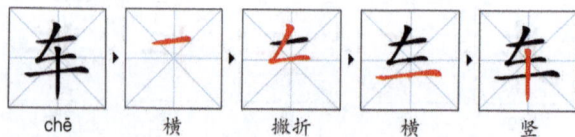

车	一	左	左	车
chē	横	撇折	横	竖

练习 *Exercise*

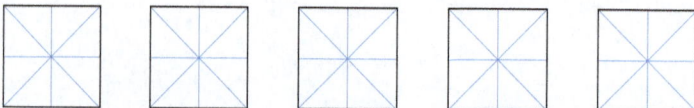

zhōu

舟

boat

（七—九级汉字 1162）

字体演变 *The evolution of this Chinese character*

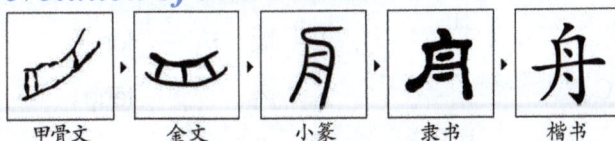

| 甲骨文 | 金文 | 小篆 | 隶书 | 楷书 |

词汇 *Vocabulary*

lóngzhōu
1. 龙舟 （七—九级词汇 2700）
loong boat

Duānwǔ Jié chī zòngzi, sài lóngzhōu, shì Zhōngguó de
端午节吃粽子，赛龙舟，是中国的
chuántǒng fēngsú.
传统风俗。
It is a traditional custom in China to eat *zongzi* and hold a loong boat race on the Dragon Boat Festival.

tóngzhōu–gòngjì
2. 同舟共济 （七—九级词汇 4137）
people in the same boat (should) help each other—pull together in times of trouble

Yǒu kùnnan de shíhou, wǒmén yīnggāi tóngzhōu-gòngjì.
有困难的时候，我们应该同舟共济。
We should work together in times of difficulty.

扩展学习 *Extended learning*

xiǎo zhōu
1. 小舟
small boat

kèzhōu-qiújiàn
2. 刻舟求剑 （七—九级词汇 2399）
carve a mark on the gunwale of a moving boat to indicate where one's sword dropped into the river—take a measure without regard to changing circumstances

笔顺 *Stroke order*

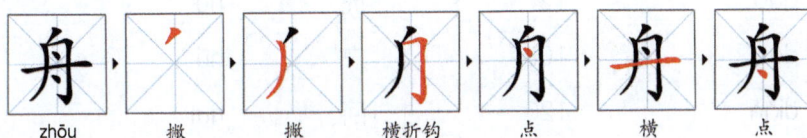

| 舟 | 丿 | 丨 | 刀 | 刀 | 舟 | 舟 |
| zhōu | 撇 | 撇 | 横折钩 | 点 | 横 | 点 |

练习 *Exercise*

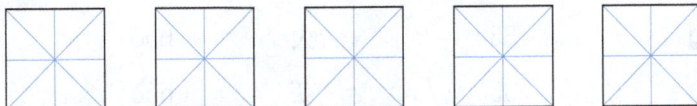

音序检字表

Phonetic index of the Chinese characters

水	shuǐ	19
丝	sī	135

T		
天	tiān	2
土	tǔ	13

W		
瓦	wǎ	142
网	wǎng	131
望	wàng	103
武	wǔ	115
舞	wǔ	116

X		
夕	xī	25
西	xī	36
喜	xǐ	94
夏	xià	31
下	xià	41
祥	xiáng	93
心	xīn	86
星	xīng	5
行	xíng/háng	112
休	xiū	118

Y		
言	yán	106

羊	yáng	61
养	yǎng	120
夜	yè	28
衣	yī	133
饮	yǐn	105
右	yòu	43
鱼	yú	57
雨	yǔ	9
浴	yù	117
元	yuán	79
月	yuè	4
云	yún	6

Z		
早	zǎo	26
中	zhōng	39
州	zhōu	17
舟	zhōu	147
昼	zhòu	27
竹	zhú	48
祝	zhù	91
子	zǐ	76
走	zǒu	113
足	zú	88
左	zuǒ	42

等级分类表

Grade index of the Chinese characters

一级 Level 1						
天	tiān	2		菜	cài	55
日	rì	3		鸡	jī	59
月	yuè	4		牛	niú	60
星	xīng	5		马	mǎ	62
气	qì	7		人	rén	68
风	fēng	8		男	nán	69
雨	yǔ	9		女	nǚ	70
电	diàn	10		子	zǐ	76
山	shān	14		儿	ér	77
水	shuǐ	19		元	yuán	79
火	huǒ	22		口	kǒu	83
早	zǎo	26		手	shǒu	87
明	míng	29		喜	xǐ	94
东	dōng	35		年	nián	96
西	xī	36		看	kàn	101
南	nán	37		见	jiàn	102
北	běi	38		吃	chī	104
中	zhōng	39		得	dé	108
上	shàng	40		开	kāi	110
下	xià	41		关	guān	111
左	zuǒ	42		行	xíng/háng	112
右	yòu	43		走	zǒu	113
前	qián	44		回	huí	114
果	guǒ	50		休	xiū	118
米	mǐ	54		生	shēng	119
				网	wǎng	131

衣	yī	133		石	shí	15
饭	fàn	139		沙	shā	16
家	jiā	141		木	mù	49
门	mén	143		羊	yáng	61
车	chē	146		龙	lóng	64

耳	ěr	82		舌	shé	84
获	huò	107		吉	jí	92
宝	bǎo	123		祥	xiáng	93
巾	jīn	137		壶	hú	129
户	hù	144		井	jǐng	145

五级 Level 5				七一九级 Level 7-9		
旦	dàn	24		州	zhōu	17
夕	xī	25		川	chuān	18
朵	duǒ	47		昼	zhòu	27
竹	zhú	48		苗	miáo	52
虎	hǔ	63		齿	chǐ	85
饮	yǐn	105		嫁	jià	98
册	cè	125		娶	qǔ	99
鼓	gǔ	130		浴	yù	117
冠	guān/guàn	134		丝	sī	135

六级 Level 6				瓦	wǎ	142
麦	mài	53		舟	zhōu	147

153

英文索引表

English index of the Chinese characters

后　记

人们常说："怀才就像怀孕一样，时间久了就能看出来。"《心绘汉字——通过象形学汉字》这本书的创作灵感还真是我在怀孕期间产生的。那时候我怀着宝宝，一边给外国学生上课，一边思考如何提高他们这些非汉字文化圈学生的汉字识记效率，闲暇之余也会给未来的宝宝寻找幼儿绘本。偶然间，图文并茂的幼儿识字卡片触动了我，我心想，这种直观并且符合学习者认知水平的学习材料，不正符合人的认知学习特点吗？这种直观的展示不仅有趣，而且有利于知识的持久记忆和迁移。于是，"图文并茂"就成了这本书的基调，但是也成了这本书的难点。

《心绘汉字——通过象形学汉字》的成书过程还是比较漫长的，因为书稿确定以后，还要为每个古体字配手绘插图，插图的数量虽然不算大，但是它需要既有画图技能又熟知汉字字理的人将它输出。因此，我与为这本书画插图的学生反复沟通，经过反复修改，反复推敲，最终在 2023 年完成了整本书的插图创作。因为这是为汉语零基础或者初级阶段的外国人识记汉字而打造的图书，在这个过程中，我们"锱铢必较"，我们化身"仓颉"致力于具象还原每一个古体字的原始形态：一轮红日的深浅变化、一钩弯月的倾斜角度、一株植物的生长姿态、一个动作的表现力度、一款物品的质地光泽、一片瓦当的展示方式……每一幅插图都力争精益求精，让读者看到插图就能建立起汉字与实物的联系，想象出中国古人造字的场景，进而理解这个汉字的含义。

Postscript

It is often said that the potential of a talented person reveals itself gradually, akin to a pregnancy. The inspiration for writing the book *Learning Chinese Characters Through Pictograms by Heart* first sparked in my mind while I was pregnant. At that time, I consistently brainstormed ways to enhance Chinese character literacy for students from countries outside the Chinese character culture circle while teaching them Chinese. I also searched for picture books for my future baby in my spare time. By chance, I came across illustrated literacy cards for children and was immediately touched by their designs. I thought, isn't this intuitive learning material that aligns with learners' cognitive level in line with people's cognitive learning characteristics? This intuitive display is not only interesting, but also conducive to the lasting memory and transfer of knowledge. Therefore, the incorporation of "illustrations and characters" became the defining feature of this book, but it also presented challenges.

The process of completing the book *Learning Chinese Characters Through Pictograms by Heart* was quite lengthy, since after the manuscript was finalized, illustrations should be provided for each archaic character. Although the number of illustrations is not large, it needs someone skilled in drawing and familiar with the principle of Chinese character coding to output them. Therefore, I communicated frequently with the students responsible for creating the illustrations and completed them for the book in 2023 after numerous rounds of revisions and refinements. Because this is a book made for foreigners who have no knowledge of the Chinese language or who are at the beginner's level to recognize and memorize Chinese character, we became like Cangjie, the mythical inventor of Chinese characters, striving to accurately replicate the original form of each archaic character: the change in the depth of a red sun, the tilt angle of a crescent moon, the growth posture of a plant, the expressiveness of an action, the texture and luster of an object, and the display mode of a tile…We made every effort to ensure that each illustration was perfect, enabling readers to establish a connection between the Chinese characters and the real objects and imagine the scenes of ancient Chinese creating characters, and thus comprehending the meaning of Chinese characters. In this process, we stayed up-to-date by developing online products and creating intelligent

在这个过程中，我们与时俱进，从研发互联网产品，到建设智慧教育资源，由于显示媒介的变化，我们原来手绘的插图在一定程度上不适用于手机，于是我们更新迭代，重新绘制了所有插图，更新后的插图样式更加精美，色彩更加明快。所有这一切都只为能给热爱汉字学习的人带来良好的体验。我清楚地记得，一名2019级的摩洛哥留学生曾经在微信里用英语跟我"求助"说："老师，汉字太难了，我记不住，也不会写。"当时，我正在校对书稿，随手便将图书中"瓜"字的排版页发送给了他，结果他就像得到了宝贝，两分钟后他饶有兴致地对我说："我明白了！老师，再来，再发我几张。"遗憾的是，这本书的第一批"试用"读者——我教授的2019级外国学生在毕业前未能见证这本图书的公开发行。

学生的学习需求是心绘汉语（"心绘汉语"是我们的系列教学资源平台，该平台包括汉字、词汇、语法、文化、文创等资源模块，"心绘汉字"是心绘汉语平台上最闪亮的宝石）团队不断前行的动力。为了跨越山海、超越时空，我们以《心绘汉字——通过象形学汉字》为基础版本，研发了"心绘汉字"手机应用软件，后来"心绘汉字"系列作品通过了教育部中外语言交流合作中心2021年度教学资源建设项目立项。在语合中心专家的指导下，"心绘汉字"系列作品得到了全面提升。如今《心绘汉字——通过象形学汉字》就要公开出版发行了，特别感谢北京语言大学出版社国际中文教育事业部付彦白主任、责任编辑张建老师，在本书出版的各个环节给予的意见及建议，使得本书图文并茂，相得益彰。

五年磨一剑，从纸质图书撰写到手机应用软件开发，再到增强现实技术应用，心绘汉语团队的师生付出了无比艰辛的努力，团队里的教师有我的同事和同学，团队里的学生都来自我历年指导的大学生创新创业训练项目团队。在此，我要感谢我的同事郭利芳老师为本书的汉字演变部分的内容进行了校对，感谢我的同事房媛老师为本书的数字资源进行了开发，

educational resources. Due to the change of display media, our original hand-drawn illustrations are somewhat not suitable for mobile phone, so we updated and iterated, redrew all the illustrations, and the updated illustrations were more exquisite in style and brighter in color. Everything we do was aimed at providing a wonderful experience for people enjoy learning Chinese characters. I clearly remember a Moroccan student from the class of 2019 asking me for help in English on WeChat, "Ms. Wang, Chinese characters are too difficult. Neither can I memorize them, nor can I write them." At that time, I was proofreading the manuscript and I sent the layout page of the word " 瓜 " to him without much thought. To my surprise, he was overjoyed. After two minutes, he said, "I understand now! Ms. Wang, please send me a few more." It's a pity that the first "trial" readers of the book, the international students of the class of 2019, were unable to witness the publication of the book before their graduation.

Students' learning needs are the driving force for our team to keep moving on ("Concentrating on Learning Chinese Language" is a series of teaching resource platforms, which includes resource modules such as Chinese characters, vocabulary, grammar, culture, and cultural and creative products. Concentrating on Learning Chinese Characters is the most shining gem on this platform.) To break the time and space constraints, we developed the mobile phone application software based on the basic version of the book. Later, the *Concentrating on Learning Chinese Characters Through Pictures* series was approved as a key project for developing teaching resources by the Center for Language Education and Cooperation of the Ministry of Education in 2021. Under the guidance of the experts there, this series has been comprehensively improved. Now, the book *Learning Chinese Characters Through Pictograms by Heart* is going to be published. I would like to thank Director Fu Yanbai and Editor-in-Charge Zhang Jian from the Editorial Department of International Chinese Language Education, Beijing Language and Culture University Press for their opinions and suggestions in the publication of the book, which enhances the visual and textual elements and brings about the best in each other.

For five years, the team has spared no effort to ensure success in writing the book, developing the mobile phone application software, and applying the augmented reality technology. The team consists of my colleagues, classmates, and students who have been working on innovation and entrepreneurship projects under my guidance in the past years.

感谢我的同事刘晔老师为本书提供了英文翻译，感谢我的同学张凯老师为本书的字源文化提供了指导。还有我那些可爱的中国学生，他们都为"心绘汉字"系列作品的出现及更新迭代做出了贡献，他们是韩国欣、刘曼、吕若彤、许天宇、付全顺、吕航、贾慕容、谭月、张林、王集锦（按参与项目时间顺序排名）。当然，还有更多人正在为"心绘汉字"的研发投入力量，"心绘汉字"系列作品是师生共创的良好案例，我的中国学生利用他们的专业优势，通过跨专业的团队合作，为纸质图书插上了数字化的翅膀！在此，希望心绘汉语团队的成员们都能找到生活所爱，为热爱奔赴！也希望"心绘汉字"系列作品能为汉字文化的国际传播贡献一份微薄的力量！

王超

2024 年 3 月 15 日

I would like to express my gratitude to my colleague Guo Lifang for proofreading the content about the evolution of Chinese characters in this book, my colleague Fang Yuan for developing the digital resources of this book, my colleague Liu Ye for translating the book into English, and my classmate Zhang Kai for his contribution to the Chinese character etymology. My thanks go to my amazing students studying in China, as they have all contributed to shaping and refining the *Concentrating on Learning Chinese Characters Through Pictures* series. They are Han Guoxin, Liu Man, Lyu Ruotong, Xu Tianyu, Fu Quanshun, Lyu Hang, Jia Murong, Tan Yue, Zhang Lin, and Wang Jijin (in chronological order of people participating in the project). As a good example of collaboration between teachers and students, there are more and more people participating in the research and development of this series. My Chinese students integrated their expertise and digitized the paper book through interdisciplinary collaboration. I hereby wish all our members to embrace the joy of life and pursue it wholeheartedly. I also hope that our *Concentrating on Learning Chinese Characters Through Pictures* series will positively contribute to promoting Chinese character culture.

Wang Chao

March 15th, 2024